BIBLIÔ ESPECIAL BIBLIÓ

REFERÊNCIAS DO SEMINÁRIO, LIVRO 19 ...OU PIOR

JACQUES LACAN (1971-1972)

REFERENCIAS DEL SEMINARIO, LIBRO 19 ...O PEOR

Edição bilíngue 1ª Edición bilingüe

Mirta Zbrun (org.)

BIBLIÔ ESPECIAL BIBLIÓ

REFERÊNCIAS DO SEMINÁRIO, LIVRO 19 ...OU PIOR

JACQUES LACAN (1971-1972)

REFERENCIAS DEL SEMINARIO, LIBRO 19 ...O PEOR

Edição bilíngue 1ª Edición bilingüe
POD

KBR
Petrópolis
2013

Coleção Bibliô Especial - EBP

Organização **Mirta Zbrun**
Pesquisa **Mirta Zbrun**
Colaboradores **Luciana Castilho de Souza, Patrick Almeida e Marcus André Vieira**
Revisão **Glacy Gonzales Gorski**
Edição de texto **Noga Sklar**

Traducción al español **Marta Inés Restrepo, María Aparecida Malveira y Pablo Sauce**
Revisión **Mirta Zbrun**

Editoração **KBR**
Capa **KBR s/ Caligrama de Apollinaire (Arquivo Google)**

ISBN **978-85-8180-188-9**

KBR Editora Digital Ltda.
www.kbrdigital.com.br
www.facebook.com/kbrdigital
atendimento@kbrdigital.com.br
55|24|2222.3491

PSY029000 - Psicologia - Referência

Sumário

Versão em português

Apresentação · 15
Introdução · 17
Primeira Parte · De Um e Outro Sexo · 19
   Capítulo 1 Só há foraclusão do dizer · 21
   Capítulo 2 O significante retorna como
     letra · 29
   Capítulo 3 O real se afirma nos impasses da
     lógica · 33
   Capítulo 4 A necessidade *Ananké* só começa
     no ser falante · 37

Segunda Parte · O Outro: Da Fala à
   Sexualidade · 41
   Capítulo 5 Topologia da fala · 43
   Capítulo 6 Peço a ti que me recuses o que te
     ofereço · 59
   Capítulo 7 A parceira desvanecida · 65
   Capítulo 8 O que vem a ser o outro · 73

Terceira Parte • **O Um: Que Ele Não Acesse ao Dois** • 77

Capítulo 9 **No campo do *uniano*** • *79*

Capítulo 10 **Há-um** • 89

Capítulo 11 **História de Uns** • 99

Capítulo 12 **O saber sobre a verdade** • 105

Capítulo 13 **Na base da diferença dos sexos** • 109

Capítulo 14 **Teoria das quatro fórmulas** • 115

Capítulo 15 **O desejo de dormir** • 121

Capítulo 16 **Os corpos aprisionados pelo discurso** • 133

Versión en español

Presentación • 145

Introducción • 147

Primera Parte • **De Un y Otro Sexo** • 149

Capítulo 1 **Solo hay forclusión del decir** • 151

Capítulo 2 **El significante vuelve como letra** • 161

Capítulo 3 **El real se afirma en los impasses de la lógica** • 165

Capítulo 4 **La necesidad *Ananké* solo empieza en el ser hablante** • 171

Segunda Parte • **El Otro: De la Palabra a la Sexualidad** • 175

Capítulo 5 **Topologia de la palabra** • 177

Capítulo 6 **Te demando que me rechaces lo que te ofrezco** • 195

Capítulo 7 **La partenaire desvanecida** • 201

Capítulo 8 **Lo que viene a ser el otro** • 209

Tercera Parte • **El Uno: Que No Acceda al Dos** • 213

Capítulo 9 **En el campo de lo *uniano*** • *215*

Capítulo 10 **Haiuno** • 225

Capítulo 11 **Cuestión de Unos** • 235

Capítulo 12 **El saber sobre la verdad** • 241

Capítulo 13 **En el fundamento de la diferencia entre los sexos** • 245

Capítulo 14 **Teoría de las cuatro fórmulas** • 251

Capítulo 15 **El deseo de dormir** • 257

Capítulo 16 **Los cuerpos atrapados por el discurso** • 269

BIBLIÔ ESPECIAL

Jacques Lacan, Referências do Seminário, livro 19 ...ou pior (1971-1972)

Versão em português

Encontro fortuito de uma máquina de costura com um guarda-chuva. Encontro impossível da baleia com o urso branco.
Um, invenção de Lautréamont, o outro, pontuação de Freud. Ambos memoráveis.
Por quê? Certamente mexem com alguma coisa em nós.
Lacan diz o quê.
Trata-se do homem e da mulher.

Jacques-Alain Miller
Seminário, Livro 19 ...ou pior
Contracapa (Zahar, 2012)

APRESENTAÇÃO

Este livro é uma referência especial para o leitor de Lacan. Organizado pela Escola Brasileira de Psicanálise, o *Bibliô Referências Especial* é também uma ferramenta de trabalho imprescindível para o prosseguimento da elaboração coletiva que tem como marco o Seminário Internacional da Escola Brasileira de Psicanálise — *haun* — Leituras do *Seminário 19...ou pior*, de Jacques Lacan, realizado em Buenos Aires em novembro de 2013.

Como não podia deixar de ser, a investigação das citações evocadas por Jacques Lacan ao longo do seu ensino é uma passagem obrigatória para a leitura dos seus Seminários e Escritos e, com a recente publicação em português e em espanhol do *Seminário 19*, representa um marco teórico que vem iluminar o campo da experiência psicanalítica aberto por Freud, cujo alcance ainda estamos averiguando.

Bem menos conhecido que o aforisma "não há relação sexual", o axioma "Há-um" desenvolvido ao longo desse Seminário implica uma mudança paradigmática no ensino de Lacan, que desemboca na elaboração do *sinthoma*. *Há-um* gozo real sem Outro, sem lei nem sentido, nem sempre desejável, e que resta inexoravelmente. No

Seminário 19, a passagem densa de Lacan por diversos campos do saber — como a filosofia, a matemática, a lógica, a literatura, as artes — compõe um conjunto de referências a serem exploradas neste livro que, do português ao espanhol, mobiliza inúmeras ressonâncias das línguas, da *lalíngua*, sem se deixar capturar num sentido unívoco.

Maria Josefina Fuentes e Glacy Gorski

Introdução

Bibliô Especial é a versão impressa e bilíngue da série "Bibliô Referências - *Seminário livro 19... ou pior, de Jacques Lacan*", publicada no Boletim DR - Diretoria na Rede, entre os meses de maio e outubro de 2013. O Boletim original foi concebido como um conjunto formado de elementos de uma obra escrita, onde se destacam título, autor, editora, local de publicação e comentários, que permitem ao leitor a identificação da referida obra e um auxílio à sua leitura.

É praxe dar-se a um conjunto de referências bibliográficas, normalmente apresentadas no final de uma obra, o nome de "Referências Bibliográficas", ou apenas "Referências".

Neste sentido, a edição bilíngue de "Bibliô Referências - *Seminário livro 19... ou pior*, de Jacques Lacan" tem por propósito oferecer tanto aos leitores hispano-falantes quanto da língua portuguesa ferramentas de estudo, reflexão e pensamento no campo teórico da psicanálise de Orientação Lacaniana, contribuindo desse modo para a "atualização da prática analítica, de seu contexto, de suas condições, de suas coordenadas inéditas no século XXI".

Mirta Zbrun

PRIMEIRA PARTE
DE UM E OUTRO SEXO

Capítulo 1

Só há foraclusão do dizer

Tema I - Linguagem e Metalinguagem

A relação entre linguagem e metalinguagem é um dos temas centrais do ensino de Lacan. Ele o aborda nos Seminários, desde o 1 até o 24, ora afirmando que toda linguagem implica a existência de alguma metalinguagem — pois toda linguagem necessitaria se traduzir —, ora criticando a vertente teórica, segundo a qual a linguagem poderia ser tomada como objeto-linguagem. No Seminário 18, "De um discurso que não fosse semblante", por exemplo, Lacan aborda o tema ao pontuar a diferença existente entre a escrita e a linguagem. Este seria um ponto de apoio à sua afirmação de que "não há metalinguagem" — que é retomada, mesmo que sutilmente, durante todo o Seminário 19, "...ou pior". O uso e desenvolvimento dessa proposição por Lacan é realizado a partir dos quantificadores, e ele a utiliza ao abordar a lógica, e, sobretudo, a função do não-todo.

A - 1ª posição: existe metalinguagem

No Seminário 3, "As psicoses", Lacan afirma que toda linguagem pode estabelecer local e temporariamente as mais variadas metalinguagens. É preciso considerar que, nesse primeiro momento do seu ensino, Lacan promove o significante no simbólico. O Outro poderia incluir em si mesmo um marcador da crença no Outro do Outro — esse seria o Outro da lei. O Nome-do-Pai, enquanto "Outro no Outro", como ele o define no Seminário 5, sustentaria, na linguagem, a crença em uma metalinguagem que dissesse o real da linguagem.

B - 2ª posição: não há metalinguagem

Nos seus cursos "Do sintoma ao fantasma e retorno" (1982-83) e "Extimidade" (1985-86), Jacques-Alain Miller lembra que apenas num segundo momento Lacan irá afirmar explicitamente que não há Outro do Outro, através do matema $S(\bar{A})$. Ou seja, $S(\bar{A})$ sustenta, ao contrário do Nome-do-Pai, que não há metalinguagem. O Nome-do-Pai é desvalorizado, na sua função de Outro da lei, como artifício que está incluso na linguagem e tem seu alcance reduzido.

De acordo com essa ideia, não é possível se utilizar a linguagem como objeto exterior ao sujeito, por exemplo, uma interpretação baseada em algo externo ao que enuncia o Outro. Neste sentido, a interpretação analítica não é metalinguagem do desejo: sua justa posição é de extimidade relativa ao enunciado do analisante, mas isto não implica que ela seja exterior à linguagem.[1]

1. Cf. o texto de Éric Laurent sobre a interpretação na orientação lacaniana e seu princípio de que "não há metalinguagem". Laurent, É. La interpretación ordinária. In: *Mediodicho* – Revista Anual de Psicanálise da Escola de Orientação Lacaniana - Seção Córdoba, n. 35 – Año 13. Córdoba: EOL, agosto 2009.

Afirmar que "não há metalinguagem" é dizer, de outra maneira, que não existe o sentido do sentido, o *Meaning of Meaning*, uma referência à obra lógico-positivista de Ogden & Richards à qual Lacan se refere em diversos momentos, em alguns textos de seus Escritos como, por exemplo, em "A escrita e a verdade", capítulo IV do Seminário 18.

Com esse enunciado "não há metalinguagem", a psicanálise de orientação lacaniana vem responder, e fazer eco, aos autores que pressentiam de certo modo o real — o "não existe metafísica" de Martin Heidegger e seu "não existe para-além", ou mesmo o "não existe metáfora" de Paul Celan, que afirmara que "escrever, depois de Auschwitz, não é mais possível".

Autores citados

Jacques Brunschwig, sobre a filiação aristotélica do não-todo: La proposition particulière et les preuves de non-concluance chez Aristote. In: *Cahiers pour l'analyse* nº 10. Paris: Editions du Seuil, 1969, pp. 3-26.

C. K. Ogden & I. A. Richards. *The meaning of meaning, a study of the influence of language upon thought and of the science of symbolism.* London: K. Paul, Trench, Trubner and Co., 1923.

TEMA II - O PRECIOSISMO E A SEXUALIDADE FEMININA

A - O Preciosismo

Foi um movimento cultural, sobretudo uma corrente literária francesa. Data do século XVII e tinha como objetivo a ideia de se distinguir pela pureza da linguagem, pela elegância dos trajes femininos, assim como pelas boas maneiras e a idealização do amor. Constituído, basicamente, pelas conversas das "*précieuses*", mulheres educadas que frequentavam, principalmente, os salões da Marquesa de Rambouillet. Ali se falava de amor entre mulheres, se rejeitava o *a priori* da superioridade masculina. Entretanto, esse movimento sofreu constantes críticas dos homens — cf., por exemplo, a comédia de Molière "As preciosas ridículas" (1659).

Sobre as Preciosas em Lacan

Lacan evoca o Preciosismo em diversos momentos do seu Seminário, por exemplo, na aula de 1º fevereiro de 1955 (capítulo IX, "Jogo de escrituras", do *Seminário, Livro 2, O eu na teoria de Freud e na técnica psicanalítica*. Nesse Seminário, ao abordar a construção de uma locução, Lacan critica a ilusão segundo a qual a locução seria meramente modelada a partir de uma simples apreensão do real, muito pelo contrário — e é o que demonstra o movimento das "Preciosas" —, o fato de que locuções tenham se tornado de uso corriqueiro na língua supõe uma longa elaboração, na qual impli-

*Moreau le Jeune (1741-1814), "Les Précieuses
Ridicules", Scène IX*

cações e possibilidades de redução do real são tomadas
a partir da operação que se realiza com o emprego de
certos significantes.

Por outro lado, Lacan considerou no movimento
das Preciosas o lado do Eros na homossexualidade feminina. Elas se interessariam necessariamente pelo amor,
ao ponto de inventarem uma teoria sobre o amor, pro-

longando assim a tradição do amor cortês, cujo esforço consistiu em fazer da mulher um objeto, não de gozo, mas de amor.

Autor citado

Antoine Baudeau de Somaize, escritor francês que nasceu em 1630 e morreu em torno de 1680. Criticou o Preciosismo e publicou o *Grand Dictionnaire des Prétieuses ou la Clef de la langue des ruelles* em 1660, assim como o *Grand Dictionnaire des précieuses, historique, poétique, géographique, cosmographique, chronologique et armoirique* em 1661 — obras em que criou uma lista de perífrases dedicadas a elucidar o emprego de termos criados pelo movimento das Preciosas, tais como: "o conselheiro das graças (o espelho)"; "as comodidades da conversa (a cadeira)"; "sofrer os contragolpes dos prazeres legítimos (dar à luz a um bebê)"; ou mesmo "os rostos da alma (o discurso)".

Referências

Bray, René. *La préciosité et les précieux, de Thibaut de Champagne à Jean Giraudoux.* Paris: Albin Michel, 1948.

Freud, Sigmund. Algumas consequências psíquicas das diferenças anatômicas entre os sexos (1925). In: *Edição standard brasileira das obras psicológicas completas* (1925-1931). Trad. de Jayme Salomão. Rio de Janeiro: Imago, 1972, V. XIX.

Howard, Patrícia. Quinault, Lully, and the Pre-cieuses: Images of Women in Seventeenth-Century France. In: Susan C. Cook e Judy S. Tsou (editors). *Cecilia Reclaimed: Feminist Perspectives on Gender and Music*. Urbana: University of Illinois Press, 1994, pp. 70-89.

Maître, Myriam. *Les Précieuses: naissance des femmes de lettres en France au XVIIe siècle*. Paris: Champion, 1999.

Somaize, A. *Grand Dictionnaire des Précieuses, historique, poétique, géographique, cosmographique, chronologique et armoirique* (1661). Paris: France-Expansion, 1973.

Referências na obra de Lacan

Diretrizes para um Congresso sobre a sexualidade feminina (1958). In: *Escritos*. Rio de Janeiro: Jorge Zahar, 1998.

B - As tetas de Tirésias

As tetas de Tirésias é um drama surrealista escrito por Guillaume Apollinaire em 1917. Apollinaire se inspirou no mito do vidente cego de Tebas, Tirésias, para criar um drama onde estariam entrelaçados temas modernos, tais como o feminismo e o antimilitarismo. O personagem central é Teresa, que muda de sexo para ganhar poder entre os homens. Seu objetivo é mudar os costumes, rejeitando o passado para estabelecer a igualdade entre os gêneros.

Caligrama de Apollinaire

Autor citado

Guillaume Apollinaire (1880-1918), poeta e escritor francês, é considerado um dos mais importantes poetas franceses do início do século XX, autor de poemas como "Zone" e "La Chanson du Mal-Aimé". Durante certo tempo, ele inventou e praticou o termo "caligrama" (poemas escritos na forma de desenhos, em vez de escritos na forma clássica, em verso e estrofe). Foi também um importante precursor do Surrealismo.

Capítulo 2
O significante retorna como letra

Tema I - A Questão da Escrita

Éric Laurent, em sua conferência intitulada "A carta roubada e o voo sobre a letra", pronunciada no curso de Jacques-Alain Miller intitulado "Experiência do real na cura analítica" (1998-1999) e publicada em "Os paradigmas do gozo", em *La Cause Freudienne* n°43 (outubro de 1999), assim como em *Correio*, revista da EBP, n° 65, nos esclarece sobre a questão da escrita e as divergências entre Jacques Lacan e Jacques Derrida. Sobre esta questão podemos também nos referir ao *Seminário, Livro 18, De um discurso que não fosse semblante* (1971), de Jacques Lacan, capítulo V — intitulado por Jacques-Alain Miller "A palavra e a escrita" —, e ainda à sua "Nota passo a passo", no posfácio do Seminário 23.

A - A letra

Autores citados

Jacques Derrida (1930-2004), filósofo francês, se distanciou de Lacan ao criticar a noção da letra, como exposto em "A instância da letra no inconsciente", de Jacques Lacan. A conferência de Derrida sobre Freud (1966) no Instituto de Psicanálise, publicada como "Freud e a cena da escritura", marca, paralelamente, uma escansão, como diria Éric Laurent em sua conferência intitulada "A carta roubada e o voo sobre a letra". Sabemos, porém, que Lacan lhe responde em "O aturdito" (1974) e *Outros Escritos*, assim como em "Lituraterra".

Norman J. Kretzmann (1928-1988), filósofo e professor de filosofia especializado em história da filosofia medieval e filosofia da religião na Universidade Cornell, situada em Ithaca, Nova Iorque, Estados Unidos. Principal editor de *The Cambridge History of Later Medieval Philosophy* (1982). Kretzmann refere-se ao campo da linguística e da linguagem para explanar suas formulações.

Anthony Kenny, filósofo inglês nascido em 1931 e membro da Sociedade Filosófica Americana desde 1993, dedicou-se ao estudo da filosofia analítica pela via da análise do significado de enunciados. Dedicou-se particularmente ao estudo do pensamento de Tomás de Aquino, contra quem apresentou argumentos. Coeditor de *The Cambridge History of Later Medieval Philosophy* (1982), interessou-se, assim como Kretzmann, pelo campo da linguística e por pesquisas sobre a linguagem a partir de obras dos primeiros filósofos analíticos, como

Frege, Russell, George Edward Moore e Ludwig Wittgenstein.

Jan Pinborg (1937-1982), historiador da linguística medieval e da filosofia da linguagem e coeditor de *The Cambridge History of Later Medieval Philosophy* (1982).

B - O sujeito

Autor citado

Alain de Libera (1948), historiador e especialista em filosofia medieval, é professor de filosofia na École Pratique des Hautes Études. Defensor de um estudo pluralista da razão incluindo normas e exigências, publicou inúmeros livros sobre essa questão, além de *Arqueologia do sujeito I, Nascimento do sujeito* (2007) e *Arqueologia do sujeito II. Nascimento do sujeito* (2008) versa sobre a noção pré-histórica do sujeito em filosofia. Nesse contexto, buscou retraçar a arqueologia do sujeito durante o período pré-cartesiano.

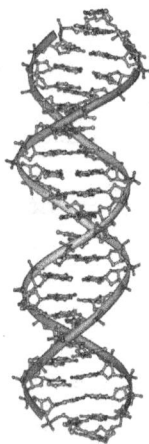

Michael Ströck, Estrutura do DNA/ Francis Crick e James Watson e seu modelo de DNA

CAPÍTULO 3
O REAL SE AFIRMA NOS IMPASSES DA LÓGICA

TEMA I - A BIOLOGIA NA PSICANÁLISE

Segundo J.-A. Miller, em "Elementos de Biologia Lacaniana", EBP-MG, 1999, existem duas biologias na
psicanálise: a de Lacan, que ele aborda referindo-se a
Heidegger e à diferença entre o gozo, o corpo vivo e o
significante; e a de Freud, que opõe soma e germe, esta
última tendo sofrido o impacto da obra de Weismann,
tal como Freud comenta em sua obra sobre Schreber.

A - Biologia Lacaniana

Autores citados

Francis Crick e **James Watson**, que desvendaram
em 28 de fevereiro de 1953 a estrutura do DNA, a molécula mais importante da vida. Como reconhecimento
por seus trabalhos sobre a molécula de ADN, Watson,

Crick e Wilkins receberam o Prêmio Nobel.

François Jacob (1920-2013), biólogo francês, obteve o Prêmio Nobel de Fisiologia e Medicina de 1965 pelos importantes estudos sobre a regulação genética das bactérias. É autor de *A Lógica da Vida*.

Jacques Lucien Monod (1910-1976), biólogo francês também agraciado com o Prêmio Nobel de Fisiologia e Medicina de 1965 por descobrir atividades reguladoras no interior das células.

André Michel Lwoff (1902-1994), microbiologista francês, Prêmio Nobel de Fisiologia e Medicina de 1965, por pesquisar mecanismos químicos da transmissão da informação genética.

B - Biologia freudiana

Autores citados

Friedrich Leopold August Weismann (1834-1914), biólogo alemão, descobriu a barreira de Weismann — que impede, ainda que não completamente, que as células somáticas passem informações para as células germinativas, fundamental em termos conceituais, portanto, para reforçar a teoria da seleção natural de Charles Darwin. Autor de *Ensaio sobre a hereditariedade e a seleção natural*.

Sigmund Freud, obras abordadas: *Além do princípio do prazer*, capítulo 6, sobre a genética em A. Weismann; e o "O Caso Schreber", interpretação de *Memórias de um doente dos nervos*, de Daniel Paul Schreber (que era presidente da corte de apelação), sobre "eu o amo".

TEMA II - A LÓGICA DA SEXUAÇÃO

O tema da diferença sexual é recorrente no ensino de Lacan desde o Seminário 2, "O Eu na teoria de Freud e na técnica psicanalítica". Nesse seminário ele ganhará sua versão mais próxima da lógica, a das fórmulas da sexuação, propostas no ano anterior e ainda em gestação no Seminário 19, "...ou pior".

Autores citados

Platón. Parménides o de las Ideas. In: *Obras Completas*. Madrid: Aguilar, 1972, pp. 946-990.

Kurt Friedrich Gödel (1906-1978), matemático austríaco, naturalizado americano. Os trabalhos mais conhecidos de K. F. Gödel são seus teoremas da incompletude, às vezes também designados como teoremas da indecidibilidade.

Ax. 1. $\{P(\varphi) \wedge \Box \, \forall x[\varphi(x) \to \psi(x)]\} \to P(\psi)$
Ax. 2. $P(\neg\varphi) \leftrightarrow \neg P(\varphi)$
Th. 1. $P(\varphi) \to \Diamond \, \exists x[\varphi(x)]$
Df. 1. $G(x) \iff \forall\varphi[P(\varphi) \to \varphi(x)]$
Ax. 3. $P(G)$
Th. 2. $\Diamond \, \exists x \, G(x)$
Df. 2. $\varphi \text{ ess } x \iff \varphi(x) \wedge \forall\psi \, \{\psi(x) \to \Box \, \forall x[\varphi(x) \to \psi(x)]\}$
Ax. 4. $P(\varphi) \to \Box \, P(\varphi)$
Th. 3. $G(x) \to G \text{ ess } x$
Df. 3. $E(x) \iff \forall\varphi[\varphi \text{ ess } x \to \Box \, \exists x \, \varphi(x)]$
Ax. 5. $P(E)$
Th. 4. $\Box \, \exists x \, G(x)$

Prova de Gödel

Teorema 1: "Qualquer teoria axiomática recursivamente enumerável e capaz de expressar algumas verdades básicas de aritmética não pode ser, ao mesmo tempo, completa e consistente, ou seja, sempre há em uma teoria consistente proposições verdadeiras que não podem ser demonstradas nem negadas."

Este teorema garante a existência das proposições chamadas indecidíveis, que não podem ser provadas verdadeiras ou falsas em dado sistema axiomático.

Teorema 2: "Uma teoria recursivamente enumerável e capaz de expressar verdades básicas da aritmética e alguns enunciados da teoria da prova pode provar sua própria consistência se, e somente se, for inconsistente."

Este teorema impõe uma restrição a qualquer sistema axiomático: não é possível ser consistente e provar a sua consistência, o que não impede que essa consistência seja provada por outro sistema.

Referências na obra de Lacan

Discurso de Roma. In: *Escritos*. Rio de Janeiro: Jorge Zahar Editor, 1995.

Capítulos 3, 4, 5, 6 e 7, que tratam da relação entre a função do eu e o princípio do prazer a partir da leitura lacaniana de *Para além do Princípio do Prazer* (1920) — Freud, S. Jenseits des Lustprinzips. *Gesammelte Werke, XIII*. Frankfurt: Fischer, 1999. In: *O Seminário, Livro 2, O Eu na teoria de Freud e na técnica da psicanálise* (1954-55). Rio de Janeiro: Jorge Zahar, 1985.

Lição de 13 de março de 1973. In: *O seminário, Livro 20, Mais, ainda*. Rio de Janeiro: Jorge Zahar, 1985.

CAPÍTULO 4

A NECESSIDADE *ANANKÉ* SÓ COMEÇA NO SER FALANTE

TEMA I - A ARTE DE PRODUZIR UMA NECESSIDADE DE DISCURSO

A - O zero e o número 1

Autores citados

Friedrich L. G. Frege (1848-1925), matemático, lógico e filósofo alemão. Publicou, em 1884, a obra *Die Grundlagen der Arithmetik* [*Fundamentos da Aritmética*], na qual interroga logicamente em que consiste o estatuto do número.

Leopold Kronecker (1823-1891), matemático alemão, cuja frase "Deus fez os números, todo o resto é obra do homem" serve a Lacan para resgatar o trabalho de Frege, ao se opor à descoberta da Aritmética como obra que pretende dar conta dos números inteiros.

B - A inexistência, o sintoma e a verdade

A inexistência não é o nada, e se define por escrever-se, como diz Lacan: "A inexistência não é o nada, o zero cria a inexistência". O número 0 faz parte dos números inteiros, porque não há teoria dos números inteiros se não se compreende o que vem a ser 0.

Autores citados

Karl Marx. Ao citar este autor (p. 49), Lacan se refere à problemática da "leitura sintomal", tratada por Louis Althusser em seu clássico estudo que é o prefácio "Du 'Capital' à La philosophie de Marx". In: *Lire Le Capital*. Tome I. Paris: François Maspero, 1967. Sua crítica da teoria do valor em Adam Smith é retomada na concepção althusseriana da leitura sintomal.
Gottfried W. Leibniz (1646-1716), Leipzig.

Referências na obra de Lacan

O leitor lerá com proveito sobretudo o capítulo 9 — "Um homem, uma mulher e a psicanálise" —, onde Lacan evoca a *significação* em relação ao real e em oposição ao *sentido*. Afirma ainda que falar de "significação do falo" é um pleonasmo, pois não há na linguagem outra significação que não seja o falo. In: *O Seminário, Livro 18, De um discurso que não fosse semblante*. Rio de Janeiro: Jorge Zahar Editor, 2009.
O Aturdito. In: *Outros Escritos*. Rio de Janeiro: Jorge Zahar Editor, 2003, pp. 491-492. (Neste artigo

Lacan afirma que a dialética do ser/ ter o falo é a função que faz suplência à inexistência da relação sexual.)

A significação do falo (1959). [*Die Bedeutung des Phallus*]. In: *Escritos*. Rio de Janeiro: Jorge Zahar Editor, 1999. (A significação [*Bedeutung*] é oposta ao sentido [*Sinn*], que, para Frege, se refere ao sentido de uma proposição, ao que a fala denota, ou seja, a significação como denotação.)

SEGUNDA PARTE
O OUTRO: DA FALA À SEXUALIDADE

Capítulo 5
Topologia da fala

Tema I - Da Via da Lógica dos Quatro Discursos aos Sentidos da Escritura

É no Seminário 17, "O avesso da psicanálise" (1969-70), que Lacan desenvolve o que seriam os quatro discursos: o do mestre, o do universitário, o da histérica e o do analista. Ao mesmo tempo, podemos pensar em que repousa a topologia do discurso — sob a função dos quatro termos da *reson* de ser (S, S1, S2, a), em relação ao que se poderia, em seguida, atribuir sentido, ou seja, os quatro lugares do matema no discurso que Lacan apresenta em quatro termos: verdade, semblante, gozo e mais-de-gozar.

Podemos pensar, como nos sugeriu François Regnault com os quatro sentidos das Escrituras em *Deus é inconsciente* (Navarin, 1986), acerca dos quatro pontos cardeais da topologia do discurso, ou seja, os quatro níveis de leitura dos textos sagrados que propõem tanto o judaísmo quanto o cristianismo. Isso responderia, de certa maneira, à pergunta "de onde viria o sentido?". Na tradição católica, por exemplo, os quatro sentidos se dividem entre o que é literal (o sentido literário ou histórico), o que é espiritual, e o que se interpreta e se divide em três: o alegórico (sentido espiritual, que se refere à igreja), o tropológico (sentido espiritual, em referência à alma) e o anagógico (faz com que se pense nos céus, nas coisas divinas).

Segundo Jacques-Alain Miller, é na interpretação das Escrituras que se formou a distinção entre significante e significado. Desde a Idade Média, a interpretação das Escrituras foi ensinada a partir do quarteto, da distinção dos quatro sentidos, consagrados desde o século VII.

Essa tradição remonta aos estoicos, quando já se fazia uso do duplo sentido — o literal e o espiritual. São Jerônimo, padre, apologista cristão ilírio e tradutor da Bíblia, do grego e do hebraico para o latim, repartia o sentido entre a letra e a significação. Ferdinand de Saussure, aliás, se serviu dessa tradição inicialmente, renovando-a tanto a partir de São Jerônimo quanto de Santo Agostinho, que sintetizam a exegese medieval numa renovação de São Paulo — "a letra mata), enquanto que o espírito eleva" (i. e., a letra morta das sinagogas hebraicas, que não reconhece a encarnação do espírito quando ele se manifesta).

À guisa de exemplo, podemos dizer que a interpretação analítica é uma interpretação literal, ao passo que a interpretação da psicologia analítica de Carl Jung se aproxima dos métodos da exegese medieval, a partir, por exemplo, dos traços presentes na interpretação arquetípica.

Miller lembra que, mesmo que Lacan não tenha

procurado suas referências para a interpretação na exegese cristã, ele cresceu dentro desse meio e, aliás, sempre estimou os jesuítas que pertenciam à sua Escola, da época do cardeal Henri de Lubac — um dos grandes nomes da teologia jesuíta francesa, que realizou importantes estudos sobre a exegese medieval. Em relação à psicanálise, Lacan encontra suas referências na tradição de Freud e na sua relação particular com a letra — quando, então, fundou sua interpretação sobre a psicanálise a partir da leitura que fez da obra de Freud, levando em consideração as bases do estruturalismo estabelecido, por exemplo, por Lévi-Strauss e seus estudos sobre a combinatória dos mitemas que, em si mesmo, são uma interpretação, dentro do campo da antropologia. Acrescentamos ainda a releitura das contribuições à linguística estrutural de R. Jakobson e F. de Saussure realizada por Lacan.

A partir dessa leitura cruzada de referências, podemos afirmar, com Miller, que o significante da fala no Outro S($\mathrm{\cancel{A}}$) pode ser lido como o significante da alegoria barrada.

Autores citados

Henri Sonier de Lubac, jesuíta, teólogo católico e cardeal francês.

Roman Jakobson, pensador russo, se tornou um dos linguistas mais influentes do século XX e é considerado um dos primeiros teóricos da análise estrutural da linguagem, da poesia e da arte. Suas proposições a respeito dos dois eixos da linguagem — eixo sintagmático e eixo paradigmático —, influenciaram profundamente o estudo das afasias, assim como o estudo das figuras da retórica, principalmente no que tange à polaridade da metáfora e metonímia, de onde Lacan os extraiu. Ele também considera as contribuições da retórica, que reconhece como mecanismos pertencentes à mecânica da linguagem, através da leitura realizada por Lévi-Strauss com sua antropologia estrutural, que distingue as relações de parentesco e as relações de sucessão, tal como Jakobson ordenou os fonemas.

Referências

Jakobson, Roman. *Essais de linguistique générale* (1 et 2). Paris: Éditions de Minuit, 1963.

Jung, Carl. *Métamorphoses de l'âme et ses symboles* (1912). Collection Références, 1950. Paris: LGF, 1996.

Lévi-Strauss, C. *Antropologia estrutural*. São Paulo: Cosac Naify, 2008.

Lubac, Henri de. *Exégèse médiévale, les quatre sens de l'écriture*. Paris: Éditions Montaigne, 1959-1964.

Miller, J.-A. Aula de 27 de março de 1985 do curso "1, 2, 3, 4" quanto à articulação do significante da falta no Outro S (Ⱥ) e com interpretação analítica.

A - A discussão em torno da origem da linguagem

Autor citado

Jean-Jacques Rousseau, escritor francófono, filósofo e músico suíço, entra na história das ideias, sobretudo, com seus curtos ensaios *Discurso sobre as ciências e* *as artes* (1750) e *Discurso sobre a origem e os fundamentos da desigualdade entre os homens* (1755), além de *Do Contrato social* (1762). Defendeu a oposição do estado de natureza, que traria a felicidade à humanidade, ao estado social, fonte de insatisfações generalizadas. É um dos maiores filósofos do Iluminismo e uma influência intelectual reconhecida em relação à Revolução Francesa.

Referências

Rousseau, Jean-Jacques. *Ensaio sobre a Origem das Línguas* (1781). Tradução de Fulvia M. L. Moretto. Campinas: Editora da UNICAMP, 1998.

B - Fala, dizer e ato

Uma das múltiplas referências implícitas no ensino de Lacan refere-se à teoria dos atos de linguagem, considerados como atos performativos.

Um dos pontos fortes desse "encontro" se dá, justamente, quando Lacan desenvolve em 1967-68 a temática do ato do analista, a passagem do analisante à posição de analista, durante o seu Seminário "O ato analítico". O ato analítico, tal como Lacan o desenvolveu, é subordinado ao discurso analítico e se encontra numa perspectiva crítica dos atos de linguagem de John Austin.

Pode-se pensar o estatuto do dizer como se estivesse no centro do ato analítico, e em relação à ideia de que é o analisante que interpreta. O analisante sustenta seu discurso a partir da garantia do sujeito suposto saber atrelado ao seu efeito de verdade. Essa passagem de analisante a analista seria justamente o lugar de um dizer que se sustentaria sem garantias do Outro. O doravante analista se encontraria no ponto onde ele se sustentaria por um *dizer enquanto tal*. Ou seja, por um dizer performativo e que inscreve o ato analítico como um modo performativo — um ato de puro significante, em que algo se realiza, toca o gozo e o modifica.

No capítulo V do Seminário 19 vemos, mais uma vez, como Lacan se utiliza da concatenação de Austin quando afirma que "uma fala que funda o fato é um dizer", logo, é um ato de linguagem. No seu texto "O aturdito" Lacan resume, em uma única frase, a relação entre o dizer, o fazer e o lugar da enunciação, "que se diga resta esquecido por trás do que se disse no que se ouve".

Autor citado

John Langshaw Austin, filósofo inglês nascido no início do século XX, foi um dos maiores expoentes da filosofia analítica. Um dos principais temas que trabalhou relaciona-se ao sentido em filosofia. Como um dos maiores representantes da filosofia da linguagem ordinária (corrente de pensamento inspirada, sobretudo, no trabalho de Ludwig Wittgenstein), sua teoria dos atos de linguagem foi um grande marco em sua elaboração teórica. Posteriormente, foi retomada, sobretudo, por John Searle.

Referências

Austin, John L. *Quando dizer é fazer*. Porto Alegre: Artes Médicas, 1990.
Laurent, Éric. Intervenção no curso de J.-A. Miller "Coisas de fineza em psicanálise", aula de 25 de março de 2009.

Referências na obra de Lacan

O Aturdito. In: *Outros Escritos*. Rio de Janeiro: Jorge Zahar Editor, 2003, pp. 448-497.

C - Função da fala, estrutura da linguagem

Lacan, no capítulo XV do Seminário 9, "A presença do analista", fala da nova aliança entre a função da fala e a estrutura da linguagem, que trata do gozo como o impossível de se negativar: o falo como significante do gozo, que se encontra fora do campo da castração, ou seja, a função da fala se encontra ligada à estrutura da linguagem, mas também à substância do gozo. Esse tema da presença do analista foi, certamente, evocado por Lacan como uma crítica ao então recente livro de Sacha Nacht, *La présence du psychanalyste*.

Autor citado

Sacha Nacht, psicanalista francês e antigo presidente da Société Psychanalytique de Paris (SPP), em 1949. De início um amigo muito próximo, Nacht foi um dos principais personagens que combateu Lacan e o que ele considerava "os desvios da sua prática e da sua formação".

Referências

Miller, Jacques-Alain. "Coisas de fineza em psicanálise", aula do dia 6 de maio de 2009.

Nacht, Sacha. *La présence du psychanalyste*. Paris, PUF, 1963.

Referências na obra de Lacan

Sobre a questão do *rabisco analítico*, em que se podem ler todos os sentidos que se quiser, até o mais arcaico, pode-se ler com proveito o capítulo XIX, "Da interpretação à transferência", onde Lacan afirma que a interpretação não é aberta a todos os sentidos, mas uma via que faz surgir um significante irredutível a que o sujeito está sujeitado. In: O *Seminário, Livro 11, Os quatro conceitos fundamentais da psicanálise*. Rio de Janeiro: Jorge Zahar Editor, 1985.

D - Função fálica, referência, denotação e existência

Lacan desenvolve, nesse capítulo, reflexões sobre a função fálica, ou seja, esclarece o fato de que o falo denota o poder de significação (ou homem ou mulher), e isso tem direta relação com seu texto de 1958, "A significação do falo". Lembremos aqui que o termo *"Bedeutung"*, que se encontra no título da "Significação do falo", é uma alusão ao termo "referência" em Frege, e desenvolvido sob os auspícios da "denotação" em Russell.

Autores citados

Friedrich Ludwig Gottlob Frege, um dos criadores da filosofia analítica. Os principais pontos de sua teoria são: a formalização sistemática; a análise de frases complexas; a análise de quantificadores; a teoria da demonstração e da definição, assim como a análise dos números. Principais textos: "O que é uma função?" (o que denota uma função: a noção de expressão de cálculo e a noção de variável); "Função e conceito" (um conceito é uma função cujo valor é um valor de verdade); e "Sobre o Sentido e a Referência" [*Über Sinn und Bedeutung*] — este último considerado como um dos textos fundadores da filosofia analítica.

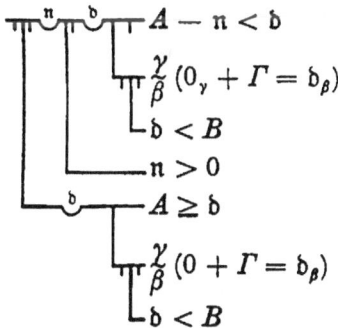

Lógica e linguagem em G. Frege

Bedeutung se traduz, então, por referência — o que se denota e o que se aponta em relação a uma existência e que se encontra em relação ao real. Já *Sinn* é efeito de sentido, a significação, o que é da essência, o que outorga atributos a alguma coisa.

Bertrand Russell, matemático, lógico e filósofo, é considerado um dos mais importantes filósofos do século XX. Juntamente com Frege, Russell é um dos fundadores da lógica contemporânea. Seu texto "Da denotação" é considerado um dos artigos mais influentes de todo o século XX; nele, o autor tenta, de acordo com J.-A. Miller — por exemplo, em "O ser e o Um" —, extrair, de todo o enunciado, o ato referencial.

Referências

Frege, Friedrich Gottlob. Sobre o sentido e a referência (1892). In: Alcoforado, P. *Lógica e filosofia da linguagem*. São Paulo: Cultrix, 1978.

Laurent, Éric. Trois énigmes: le sens, la signification, la jouissance. In: *La Cause freudienne* n° 23. Paris: L'Ecole de la Cause freudienne, 02/1993, pp. 43-50.

Russell, Bertrand. Da denotação (1905) In: *Os pensadores. Ensaios escolhidos*. São Paulo: Abril Cultural, 1978, pp. 03-14.

Referências na obra de Lacan

Capítulo IX "Um homem e uma mulher e a psicanálise". In: *O Seminário, Livro 18, De um discurso que não fosse semblante.* Rio de Janeiro: Jorge Zahar, 2009.

(Cf. também a esse respeito o curso de Jacques-Alain Miller "L'Un-tout-seul", sobretudo a aula de 16 de março de 2011, na qual Miller diz que o que está como referência em Frege, e como denotação em Russel, para os analistas está como a existência.)

TEMA II - ESCRITA E SEXUALIDADE

Segundo Dr. Severino Cabral, professor-pesquisador do Instituto Brasileiro de Estudos de China Ásia-Pacífico (IBECAP), Robert Van Gulik foi um diplomata holandês, conhecido como grande erudito em questões sinológicas; tornou-se célebre como autor de *Enquêtes du juge Ti*, em 1949, quando era embaixador no Japão.

Nesse período ele descobriu, num antiquário em Tóquio, os clichês originais de um álbum de desenhos representativos da arte erótica da época Ming. Publicou-os em 1951 numa edição especial, limitada aos especialistas, acompanhada de um prefácio de sua autoria com o título "Estampes érotiques en couleurs de la période Ming, avec un essai sur la vie sexuelle des Chinois de la dynastie Han à la dynastie Tsing, 206 av. J.-C. - 1644", em 3 volumes.

O interesse despertado pela obra e as questões que suscitou entre os orientalistas, principalmente Joseph Needham, levaram Van Gulik a estender seu estudo da cultura erótica ao conjunto da história chinesa, desenhando um amplo quadro sociológico e antropológico. O livro resultante foi publicado em inglês, em 1961, com o título *Sexual Life in Ancient China: A Preliminary*

Survey of Chinese Sex and Society from ca. 1500 B.C. till 1644 A.D (Leiden, Pays-Bas, E.J. Brill). Posteriormente foi traduzido para o francês e publicado pela Gallimard na "Bibliothèque des Histoires" em 1971 e, em 1977, na coleção Tel, com o título *La vie sexuelle dans la Chine ancienne.*

Seu estudo tece considerações sobre a cultura erótica chinesa e a influência do confucionismo, taoísmo e budismo, amplamente tratadas nas várias épocas da história chinesa. Fascinado pelos costumes sexuais dos povos que analisa, Van Gulik retraça o histórico da literatura erótica chinesa desde os primórdios, assim como sua evolução ao longo da história. A literatura erótica começa com os manuais de educação sexual, segue com os livros de conotação médica para, finalmente, durante a era Ming, desembocar no desenvolvimento da literatura e das estampas eróticas e pornográficas.

Uma das diferenças fundamentais entre a concepção ocidental da sexualidade e a antiga concepção chinesa é que esta última, por exemplo, considera o ato sexual como oriundo de uma mística união entre o céu e a terra, dualidades cósmicas, harmonia universal pela fusão dos contrários, dos elementos masculinos e femininos (como no *Livro das Mutações* [Yi-King] e sua concepção da interação do yin e do yang tendo como resultante o Tao — A Via ou a Ordem suprema) etc.

Referências

Van Gulik, Robert Hans. *La Vie sexuelle dans la Chine ancienne.* Trad. Louis Évrard. Bibliothèque des histoires nº 3, rééd. Coll. "Tel". Paris: Gallimard, 1971.

Referências na obra de Lacan

O Seminário, Livro 18, De um discurso que não fosse semblante. Rio de Janeiro: Jorge Zahar, 2009. Sobretudo os capítulos III, IV e V, nos quais aborda questões relativas à escrita, à fala e à verdade.

A - André Gide: sexualidade e perversão

Referências

Hellebois, Philippe. *Lacan lecteur de Gide*. Paris: Editions Michèle, 2011, p. 155.

Miller, Jacques-Alain. Curso "A Orientação Lacaniana, 'Sobre o Gide de Lacan': Rumo a um significante novo"; Orientação lacaniana: Sobre o Gide de Lacan; Direitos humanos (Collectif). In: *Opção Lacaniana/ Revista Brasileira Internacional de Psicanálise* n° 22. São Paulo: Eólia, 08/1998, p.106.

_____. Algumas reflexões sobre o Ego; Orientação lacaniana: Sobre o Gide de Lacan; O mal-estar da civilização (Collectif). In: *Opção Lacaniana/ Revista Brasileira Internacional de Psicanálise* n° 24. São Paulo: Eólia, 06/1999, p. 77.

_____. Acerca del Gide de Lacan: fragmento de un seminario de lectura. In: *Malentendido/ Revista en el Campo Freudiano* n°7. Buenos Aires: Malentendido, 06/1990, p. 89.

Referências na obra de Lacan

A juventude de Gide. In: *Escritos*. Rio de Janeiro: Jorge Zahar, 2000.

B - Objeto e causalidade

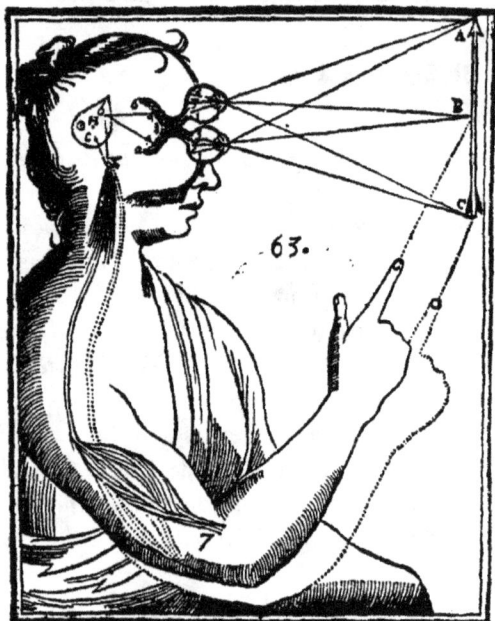

René Descartes, "Diagrama"

Sobre o objeto *a* como causa do desejo, o leitor poderá ler com proveito a teoria aristotélica da causalidade. Para além do que precederia o efeito, a causa, segundo Aristóteles, é uma noção metafísica complexa, que se classifica em quatro tipos: causa material; causa formal; causa motora ou eficiente; e causa final. Lacan designa para cada um o campo da psicanálise, da ciência, da magia e da religião, respectivamente.

René Descartes, em sua terceira meditação, desenvolve o princípio de causalidade e a prevalência da causa eficiente, e inscreve uma descontinuidade entre a causa e o efeito — o que servirá a Lacan para opor a causa e a lei.

Referências na obra de Lacan

A ciência e a verdade. In: *Escritos*. Rio de Janeiro: Jorge Zahar Editor, 1998.

TEMA III - A CLIVAGEM DO MURO

Autores citados

Jacques-Alain Miller, sobre a clivagem do muro: {discurso, fala e linguagem | ciência, números, função e topologia}. Mais uma vez, o leitor poderá se reportar com proveito ao seu curso e à distinção que ele desenvolve entre o *ser* e a *existência* e sua relação com a entrada do Um.

René Thom, matemático francês, fundador da teoria das catástrofes. Recebeu, em 1958, a Medalha Fields, considerado o Prêmio Nobel da matemática. Lacan cita o uso que ele faz das superfícies matemáticas, como, por exemplo, a dobra.

Chaïm Perelman é considerado o fundador da Nova Retórica. Nascido em Varsóvia, emigrou para a Bélgica em 1925. Até 1978 ensinou lógica, moral e metafísica na Université Libre de Bruxelles. Suas pesquisas se inscrevem, majoritariamente, no âmbito do direito, da retórica e da argumentação. Ao renovar a retórica aristotélica, Perelman apresenta seu texto mais célebre na obra *Tratado da Argumentação* (1958), escrita em conjunto com Lucie Olbrechts-Tyteca. Esse retorno à retórica argumentativa coincide com a volta do interesse pelas figuras de linguagem — ou tropo — que suscitou o nascimento de uma "nova retórica", ao nível do desenvolvimento da poética e da semiótica, como, por exemplo, em Roland Barthes.

Essa referência a Perelman está presente no ensino de Lacan desde o texto "Função e campo da fala e da linguagem em psicanálise". Segundo Jacques-Alain Miller, pode-se entender a argumentação de Lacan, durante seus Seminários, não apenas como uma argumentação lógica, mas, sobretudo, como uma argumentação de orador (*rhéteur*), como defendia Perelman.

Referências

Deleuze, Gilles. *A dobra: Leibniz e o Barroco.* Campinas: Papirus, 2011.

Perelman, Chaïm; Olbrechts-Tyteca, Lucie. *Tratado da Argumentação – A Nova Retórica.* São Paulo: Editora Martins Fontes, 1996.

CAPÍTULO 6
PEÇO A TI QUE ME RECUSES O QUE TE OFEREÇO

TEMA I - DEMANDA, RECUSA E OFERTA

O título "Peço a ti que me recuses o que te ofereço", estabelecido por Jacques-Alain Miller, nos orienta, ao longo do presente capítulo, no que tange à relação que Lacan estabelece entre demanda, recusa e oferta. Sabemos, porém, que tal tema é central no ensino de Lacan, mas poderíamos pontuar justamente sua articulação, retomada por ele nesse capítulo, com o nó borromeano. Ora, Lacan inicia tal capítulo com sua formulação: carta de (a)muro, *lettre d'amur*, articulando-a com demanda, recusa e oferta.

A - A verdadeira carta de (a)muro

Lacan afirma que se trata precisamente de "peço-te que me recuses o que te ofereço", e acrescenta: "porque não é isso". Neste sentido, Lacan nos indica que se deveria escrever: "Peço-te que me recuses o que te ofereço porque não é isso". Dentro disso, Lacan isola cada nível verbal e articula, ao longo do capítulo, a demanda, a recusa e a oferta, pontuando o efeito desse (des)nodamento. Tal articulação nos remete ao gráfico do desejo desenvolvido por Lacan em seu *Seminário, Livro 5, As formações do inconsciente* (1957-1958); aqui, porém, estariam presentes algumas formulações amplamente desenvolvidas posteriormente, como o nó borromeano, em seu *Seminário, Livro 22, R.S.I.*

B - Lacan ressalta o trabalho de Roman Jakobson e de "um certo Boetius Daccus" e suas *Suppositiones*

Neste sentido, Lacan sublinha a questão do significante e, partindo da análise linguística, articula a demanda, a recusa e a oferta, especificando, assim, o estatuto e as funções dos verbos pedir, recusar e oferecer. Assim, ao isolar o "não é isso", Lacan se refere, paralelamente, aos trabalhos dos filósofos Ludwig Wittgenstein e Alexandre Kojève e suas respectivas asserções: "O que não pode ser dito, não falamos". Ora, Lacan ressalta justamente a importância do "não é isso", reservando-lhe um lugar essencial no próprio enunciado como aquilo que não podemos falar. Neste contexto, Lacan formula: "*Por que não é isso*, o quê? Que eu desejo", e evoca, por conseguinte, o discurso do analisante e aquilo ao qual o analista (não) responde. Poderíamos articular tal pontuação ao que Lacan desenvolverá posteriormente no final de seu ensino, em seu último Seminário, Livro 25, "O momento de concluir" (inédito), em sua lição de 15 de novembro de 1977, a saber: "O que define a demanda é que a gente somente demanda através daquilo que a gente deseja — quero dizer, passando por aquilo que a gente deseja — e aquilo que a gente deseja, a gente não sabe". Aqui, não deixa de ser interessante a referência de Lacan ao desejo do analista e ao Sujeito Suposto Saber, e o retorno, nessa mesma lição, ao nó borromeano.

Boethius ensina a seus alunos - Manuscrito de Consolação da Filosofia, Itália, circa 1385

Autores citados

Roman Jakobson (1896-1982), pensador russo, pioneiro da análise estrutural da linguagem, poesia e arte. Cf. Jakobson, Roman. *Linguística. Poética. Cinema.* Tradução Haroldo de Campos *et alii.* São Paulo: Editora Perspectiva, 1970.

Boethius Dacus (480-524), filósofo romano do início do século VI e autor do célebre *Consolation de la philosophie*, uma obra neoplatônica. É considerado uma referência fundamental da filosofia medieval e da transmissão da lógica aristotélica.

Ludwig Wittgenstein (1889-1951), filósofo austríaco, considerado um dos principais autores da filosofia analítica do século XX. O único livro de filosofia que publicou em vida, *Tractatus Logico-Philosophicus*, em 1922, exerceu profunda influência no desenvolvimento do *positivismo lógico*.

Alexandre Kojève (1902-1968), filósofo francês de origem russa, mestre e amigo de Lacan, tendo exercido grande influência sobre a filosofia na França no século XX, especificamente no que tange a seus estudos sobre Hegel.

Jules Henri Poincaré (1854-1912), matemático, físico e filósofo. Desenvolveu o conceito de funções automórficas, com o objetivo de utilizá-las para resolver equações diferenciais lineares de segunda ordem com coeficientes algébricos. Em 1895, publicou *Analysis situs: um tratado sistemático sobre topologia*.

Georges-Théodule Guilbaud (1912-2008), matemático francês e amigo de Lacan, conhecido por difundir métodos matemáticos nos campos da economia e das ciências sociais. Segundo nos indica Jacques-Alain Miller, G-Th. Guilbaud popularizou a teoria dos jogos na França no período pós-guerra.

Referências na obra de Lacan

Sobre a carta de amor
Lições de 3 e 9 de fevereiro de 1972. In: *O seminário, Livro 19 ...ou pior*. Rio de Janeiro: Zahar, 2012.
Lição de 13 de março de 1973. In: *O seminário,*

Livro 20, Mais, ainda. Rio de Janeiro: Jorge Zahar, 1985.

Lições de 15 de janeiro e 12 de fevereiro de 1974. In: O seminário, livro 21, Les non-dupes errent (inédito).

Sobre Roman Jakobson

Lição de 9 de fevereiro de 1972. In: *O Seminário, Livro 19, ...ou pior.* Rio de Janeiro: Zahar, 2012.

Lições de 6 e 13 de novembro de 1957. In: *O Seminário, Livro 5, As formações do inconsciente.* Rio de Janeiro: Jorge Zahar, 1999.

Lição de 19 de dezembro de 1972. In: *O Seminário, Livro 20, Mais, ainda.* Rio de Janeiro: Jorge Zahar, 1985.

Lição de 2 de maio de 1956. In: *O Seminário, Livro 3, As psicoses.* Rio de Janeiro: Jorge Zahar, 1985.

Lição de 1º de fevereiro de 1967. In: Le séminaire, Livre XIV, La logique du fantasme (inédito).

Lições de 2 de dezembro de 1964 e 28 de abril de 1965. In: Le séminaire, Livre XII, Problèmes cruciaux pour la psychanalyse (inédito).

Lição de 23 de maio de 1962. In: Le séminaire, Livre IX, L'identification (inédito).

CAPÍTULO 7
A PARCEIRA DESVANECIDA

TEMA I - A LÓGICA DA SEXUAÇÃO: SUA GRAMÁTICA

Questão proposta por Lacan: como algo chega ao ser falante pela sexualidade? A pergunta é: "O ser falante é falante por causa de alguma coisa que sucede com a sexualidade, ou essa alguma coisa que sucede com a sexualidade porque ele é falante?"

Nesse capítulo, Lacan exercita com maestria o "seu estilo" ao apresentar o famoso tema introduzido por ele na leitura de Freud, a "não existência da relação sexual".

A fórmula lacaniana, num dos seus momentos teóricos mais criativos, expõe toda a complexidade da questão para o Discurso Analítico ao invocar noções e conceitos da topologia e lógica matemática para definir a "lógica da situação" e "a natureza do gozo feminino como Não-todo"; e também, ao exercitar uma radical desconstrução do mito do "segundo sexo" com a descoberta da singularidade do existir na discórdia entre o "hum" e a "uma", definir a resposta, tornada possível pela linguagem, à pergunta sobre a relação do universal *homem* com o universal *mulher*.

A - 1ª proposição

1. Não há relação sexual

"A base do que venho expondo a vocês há algum tempo, mais exatamente desde o ano passado, é, muito precisamente, que não existe segundo sexo". A tese lacaniana a partir da entrada da linguagem é que não existe esse outro sexo, e a chamada heterossexualidade se esvazia como ser para a relação sexual. E é nesse vazio, que de alguma maneira é oferecido à fala, que se instala o Outro; esse vazio será o lugar do Outro, ali onde se inscrevem os efeitos da fala.

2. O gozo feminino como Não-todo

A pergunta que se impõe é como o universal *homem* se relaciona com o universal *mulher*, pelo fato de que existe a linguagem; e como no vazio deixado pela não relação se inscreve o Outro, Lacan acrescenta a ele um suplemento, a letra H, para marcar esse Outro como vazio. Nesse sentido, acrescenta um H também ao Um, pelo que se deve compreender a dimensão do *Hum* (*Hun*).

B - 2ª proposição

1. O Um e a Uma: discórdia

Se não existe relação sexual, e é o "que a experiência do discurso analítico assinala para a dimensão da função fálica", o *Hum* não é redutível ao termo masculino (p. 97).

2. Ou pior

O Universal só faz surgir para a mulher a função fálica da qual ela participa ao querer arrebatá-la do homem, ou ao querer impor a ele o serviço dela, no caso, ...ou pior, mas isso não universaliza a mulher. A raiz de *não-toda* está no fato de ela encerrar o gozo diferente do gozo fálico, o gozo dito propriamente feminino que não depende do gozo fálico. Ela é não-toda porque seu gozo é duplo, como revelou Tirésias, o profeta cego de Tebas, famoso por ter passado sete anos transformado em mulher.

Certa vez, ao ir orar, Tirésias encontrou um casal de cobras copulando e ambas se voltaram contra ele. Ele matou a fêmea, e, imediatamente tornou-se mulher. Anos depois, indo orar no mesmo monte, encontrou outro casal de cobras venenosas copulando. Matou o macho e tornou-se novamente um homem. Por Tirésias ter se tornado tão ciente de ambos os sexos, ele foi chamado para decidir a questão levantada por ocasião de uma discussão entre Zeus e Hera sobre "se é o homem ou a mulher quem tem mais prazer na relação sexual". Mas ele sabia que a sua decisão atrairia sobre ele a ira do deus derrotado — Hera dizia que o homem é quem tem mais prazer, Zeus dizia que é a mulher.

Tirésias decidiu a questão: "Se dividirmos o prazer em dez partes, a mulher fica com nove e o homem com uma." Hera, furiosa com sua derrota, cegou Tirésias por vingança. Mas Zeus, compadecido, e em recompensa por Tirésias ter dado a ele a vitória, deu-lhe o dom da previsão. Uma versão alternativa do mito de Tirésias conta que ele ficou cego ao ter visto Atena se banhando nua em uma fonte. Tirésias se faz presente em *Édipo Rei*, de Sófocles, no qual descreve como é terrível deter o saber quando este de nada serve a quem o possui. Há, aí, uma sábia e sutil revelação a Édipo, que, no desenrolar da história, saberá o verdadeiro significado das entrelinhas nessas sábias palavras.

Autores citados

Roman O. Jakobson (1896-1982), pensador russo, tornou-se um dos maiores linguistas do século XX. Pioneiro na análise da linguagem, é significativa sua influência sobre a teoria lacaniana, encontrada em axiomas que marcaram o primeiro ensino de Lacan, como "O inconsciente está estruturado como uma linguagem", retomado em diversas épocas de seu ensino. Tal influência foi assinalada por Jacques-Alain Miller na sua famosa formulação da teoria do significante.

René Thom (1923-2002), matemático e topologista francês. Tratou especialmente da teoria da singularidade, e tornou-se famoso na comunidade acadêmica e com o público em geral como fundador da Teoria da Catástrofe, que seria mais tarde desenvolvida por Erik C. Zeeman.

Simone de Beauvoir (1908-1986), escritora e filósofa existencialista, escreveu romances, ensaios, monografias sobre filosofia, política e sociedade, biografias e uma autobiografia. Em *O segundo sexo* [*Le Deuxième Sexe*], escrito e publicado em 1949, uma das obras mais celebradas e importantes para o movimento feminista, a autora analisa a situação da mulher na sociedade. O livro foi publicado no Brasil em dois volumes: *Fatos e mitos* faz uma reflexão sobre mitos e fatos que condicionam a situação da mulher na sociedade; e *A experiência vivida* analisa a condição feminina nas esferas sexual, psicológica, social e política.

TEMA II - O ZERO E O UM: FUNDAMENTAÇÃO LÓGICA DA FUNÇÃO FÁLICA

Na abordagem dessa temática, Lacan deu continuidade ao seu exercício lógico, ao avançar: (1) na reflexão sobre a função fálica e sua estrutura; (2) na forma topológica da linguagem; e (3) na elaboração sobre o vazio presente na teoria do zero, tanto na lógica de Frege como na estrutura da língua chinesa.

A - Proposições

1. A linguagem, a função fálica e sua réplica (p. 97)

Lacan acrescenta um H ao Outro — o *Houtro* — e, em consequência, um H ao Um — temos assim o *Hum* —, de maneira que não há meios de a relação sexual vir a se escrever em termos de essência masculina e essência feminina (pp. 97-98).

2. O vazio da linguagem: o Yin e o Yang no pensamento chinês (p. 94; p. 98)

A escrita dessa relação que não se escreve só pode

ser escrita a partir de uma escrita muito específica, através da qual Lacan introduz a lógica e a topologia matemática (p. 98).

B - As proposições aristotélicas

Na lógica das Proposições, temos, em primeiro lugar, as quatro relações básicas que Lacan usa na formulação das relações entre o masculino e o feminino: negação, conjunção, disjunção e implicação.

Autores citados

O Asno de Apuleio – Mosaico Bizantino do Século V

Aristóteles. *Lógica*. In: *Obras*. Madrid: Aguilar Ediciones, 1966 a 1969.
Lucius Apuleius. *O asno de ouro*.

Platão. Parmênides. *Diálogos*. In: *Obras Completas*. Madrid: Aguilar Ediciones, 1966 a 1969.

Referências na obra de Lacan

O *Seminário, Livro 8, A transferência*. Rio de Janeiro: Zahar, 1992.

Nesse Seminário, Lacan faz referência ao agalma socrático naquilo que ele tem de mais sublime, capaz de atrair o amor de Alcibíades; dessa forma, o sujeito Sócrates veio no lugar do semblante, isso em razão desse *Houtro*. O que acontece entre ambos não é a relação entre um e outro; é mais o amor, ele mesmo, que entra em jogo. Não se trata de relação sexual, porque ela não existe.

CAPÍTULO 8
O QUE VEM A SER O OUTRO

TEMA I - FALAR DO UM: "HÁ-UM"

Para falar do Um é necessário falar de um significante para barrar o Outro. A proposição que se apresenta, nesse capítulo, é pensar, em lugar de optar pela proposição de "Parmênides", se Um não é considerar que o Não-um não é. Logo, o dois não existe: Há-um.

Parmênides (Escola de Atenas, afresco, fragmento) Rafael, 1509

Autores citados

René Descartes (1596-1650), que em seu *Discurso do Método* enuncia o famoso *cogito* — penso, logo existo —, do qual Lacan faz uso para falar da existência do Um como tal.
Aristóteles. *Lógica*. In: *Obras*. Madrid: Aguilar Ediciones, 1964-1967, p. 217.

TEMA II - A COISA FREUDIANA

Lacan vê na "Fenomenologia do espírito" a ausência da mais-valia, tal como extraída no gozo, no real do discurso do mestre, ausência que assinala que o Outro não tem correlato.

Autores Citados

Hegel, filósofo alemão, um dos criadores do idealismo alemão, foi precursor da Filosofia continental e do marxismo.
Henri Michaux, escritor, poeta e pintor belga.
Platão, filósofo grego.

Referências

Hegel, G. W. F. *Fenomenologia do espírito*. Coleção Pensamento Humano. Petrópolis: Vozes, 1992.
Michaux, Henri. *Entre centre et absence*. Paris: Ed. Matarasso, 1936.

Platón. *Parménides o de las Ideas*. In: *Obras completas*. Madrid: Aguilar Ediciones, 1966-1969, pp. 945-990.

Referências na obra de Lacan

Introduction aux Noms-du-Père. In: *Des noms--du-père*. Paris: Éditions du Seuil, 2005.

Capítulo I: A Excomunhão. In: *O Seminário, Livro 11, Os quatro conceitos da psicanálise*. Rio de Janeiro: Jorge Zahar Editor, 1979, p. 23.

TERCEIRA PARTE
O UM: QUE ELE NÃO ACESSE AO DOIS

Capítulo 9
No campo do *UNIANO*

Na terceira parte do Seminário 19, "O Um: que ele não acesse o dois", nos encontramos no campo do uniano, que poderíamos opor ao campo do Outro. Por que ele não acederia ao dois, ao Outro? Não se acede ao Outro devido à não conjunção entre dois seres de sexos opostos. Embora a exigência subjetiva do ato sexual seja a unidade sexual, a união ocorre através da função do objeto *a*, na qual se encontra a irredutibilidade da unidade e que se passa no campo do Outro. Jacques-Alain Miller se questiona: "Por que o chamamos de campo do Outro? Poderíamos chamar de campo do Um. Chamamos de campo do Outro porque é aí que se experimenta e se verifica o irredutível do objeto *a* ao Um. De onde todo o esforço para evacuar o que é da confrontação do objeto *a* ao Um se conclui pelo afeto de tédio [*ennui*] — Lacan, em *Televisão*, recompõe as letras [e.n.n.u.i.] quando fala do uniano [*unien*] (...) Chamamos esse campo de campo do Outro, enquanto esse campo escapa, precisamente, à unidade. Ele não tem toda sua lei no Um".

Vejamos, em seguida, a emergência do um.

Mirta Zbrun (org.)

Autor citado

Jacques-Alain Miller. 1, 2, 3, 4. Curso de 29 de maio de 1985, inédito.

TEMA I - EMERGÊNCIA DO UM E SUAS DECLINAÇÕES

Nesse capítulo, Lacan declina diversas formas do Um: o Um do corpo; o Um de Parmênides; o Um elemento de um conjunto (Cantor); o Um do número (Frege); e o Um unário extraído da segunda forma de identificação freudiana (e que foi trabalhada por Lacan no Seminário 9).

A enunciação "Há-um" vem em resposta à dificuldade relativa à questão do estatuto da série dos números naturais, e que foi trabalhada, por exemplo, por Frege.

A - O um do corpo: evidência imaginária

Inicialmente, podemos pensar o corpo, seu estatuto de unidade, como o que dá o modelo imaginário do corpo, ou seja, a vertente imaginária da identificação como o Um do corpo, que sustentaria o sujeito no que Freud promove a partir de "Introdução ao narcisismo" e da teoria da identificação, sobretudo imaginária, juntamente com suas considerações da "Psicologia das Massas". Lacan inventaria seu Estádio do Espelho a partir, sobretudo, dessas referências freudianas, acrescidas da experiência do espelho de Henri Wallon sobre o poder sintetizador da imagem — a partir da teorização que Kojève faz de Hegel e a dialética do mestre e do escravo. A tese de que o Um viria do significante se opõe à ideia de que o Um viria do corpo — cf., neste sentido, J. A. Miller em "Biologia lacaniana e acontecimento de corpo". O Um surgiria no mundo pelo significante (Um como substância significante). Ao mesmo tempo, podemos pensar — de maneira aproximativa, a partir da noção de substância significante com a noção de substância gozante — que é do registro do que toca o corpo no que ele se goza, corpo então no seu estatuto de existência e não mais do corpo imaginário do Estádio do Espelho.

Autores citados

Alexandre Kojève (1902-1968), filósofo francês de origem russa que renovou o estudo de Hegel na França, graças a seus cursos ministrados de 1933 a 1939 na École Pratique des Hautes Études (EPHE).

Henri Wallon (1879-1962), filósofo, psicólogo, neuropediatra e pedagogo francês. Preferencialmente conhecido como psicólogo, Lacan faz-lhe referência em seu texto sobre o Estádio do Espelho.

Referências

Kojève, Alexandre. Introduction à la lecture de Hegel. In: *Leçons sur la Phénoménologie de l'esprit professées de 1933 à 1939 à l'École des Hautes Études, réunies et publiées par Raymond Queneau.* Paris: Gallimard, 1947.

Miller, Jacques-Alain. Biologia lacaniana e acontecimentos de corpo. In: *Opção lacaniana*, nº 42, fevereiro de 2005.

Wallon, Henri. Les origines du caractère chez l'enfant. In: *Les préludes du sentiment de personnalité*. Coll. Quadrige Le psychologue. Paris: PUF, 1983.

Referências na obra de Lacan

Le Stade du miroir comme formateur de la fonction du Je: telle qu'elle nous est révélée dans l'expérience psychanalytique. In: *Revue française de psychanalyse*. Paris: PUF, octobre 1949, pp. 449-455.

B - Parmênides e o Um

"Parmênides" ou "Sobre as Formas", diálogo de Platão escrito nos últimos anos de sua vida, é considerado uma das principais obras da filosofia ocidental. Nesse texto, vemos o movimento que desembocou na revolução platônica, a recusa de todo o sistema filosófico que Platão havia construído até então. Ele trabalha, entre outros temas, a questão da ontologia platônica, a questão do Ser e a questão do Um.

Martin Heidegger também se lança numa "meditação seguida sobre a história do Ser". A esse respeito, conferir seu texto intitulado "Moira" (1951-52), presente em *Essais et conférences* — ao qual há pelo menos duas referências capitais no ensino de Lacan, juntamente com o texto sobre *Das Ding* [*A Coisa*]. Além disso, esse texto de Heidegger é uma das múltiplas referências implícitas no escrito de Lacan sobre o passe. Vejamos.

Heidegger parte da fórmula de "Parmênides" — "a mesma coisa são pensamento e ser" — que orientou, segundo sua interpretação, toda a história da filosofia. A versão moderna da mesmidade do ser e do pensamento se encontra na fórmula cartesiana "Penso, logo existo", mas, como nos adverte Jacques-Alain Miller, em "Parmênides" não há referência ao eu [*Je*]. A esfera do eu [*Je*] será a nova circunscrição instaurada por Descartes como o lugar onde se conjugam pensamento e ser. A fórmula lacaniana do passe, segundo Miller, é uma reformulação da tese de "Parmênides" sobre o ser e o pensamento, aplicada à psicanálise e ao passe de uma maneira binária: quer seja entre a lógica da alienação e da separação, ou mesmo quanto às posições do "não penso" e do "não sou", numa articulação entre "o sujeito *e* o Outro, o significante *e* o objeto, como articular o sintoma *e* o fantasma".

Esse matema seria sintetizado, por Lacan, na tensão do seu cogito lacaniano "eu não penso" (eu sou), que estaria do lado do isso, e o "eu não sou" (eu penso) do lado do inconsciente: tensão entre o lado do Isso, do "não penso", como sendo da ordem do "Tu és isso" (Estádio do Espelho) — no passe, como emergência do sujeito no seu estatuto de objeto *a*. Por outro lado, temos o "não sou", do registro do inconsciente, com o que não cessa de não se inscrever que é "não há relação sexual" e o seu efeito de castração.

Dito de outra maneira, no texto de Platão Lacan chama a atenção para a delimitação do que faz furo no dizer, no fato de que toda substância possa ser dizível, mas, justamente, desde que se tenta dizer, "o que se desenha [do real] da estrutura faz dificuldade".

Referências

Heidegger, Martin. *Essais et conférences*. Trad. André Préau. Paris: Gallimard, 1958.

Miller, Jacques-Alain. Du symptôme au fantasme, et retour. Curso de 16 de março de 1983 (inédito).

C - O traço unário

É no Seminário 9, "A identificação" (1962-63), que Lacan aborda a questão do traço unário como equivalente do *einziger Zug* freudiano, ou seja, a segunda forma da identificação.

A função do traço unário surge no ensino de Lacan na medida em que ele distingue a identificação imaginária da identificação simbólica. Neste sentido, o seminário sobre "A identificação" perscruta a teoria analítica do ideal simbólico a partir da marca que o sujeito recebe da linguagem, da escrita do traço primordial do ideal do eu, logo, ação do significante representada na barra do sujeito: identificação ao traço unário. No que tange à escritura, Lacan faz alusão, em diversos momentos, a James Février e seu livro sobre a história da escritura. Recentemente, em janeiro de 2011, Clarisse Herrenschmidt foi convidada para falar de seu livro sobre a escritura e participar de um debate com Éric Laurent.

Sobre a questão da identificação diante da hipótese de que o Outro não existe citamos ainda Éric Laurent e Jacques-Alain Miller durante o seminário que ambos realizaram conjuntamente, "L'Autre qui n'existe pas et ses Comités d'éthique", curso de 27 de novembro de 1996, publicado em Buenos Aires pela Paidós.

Autora citada

Clarisse Herrenschmidt, pesquisadora no Centre National de la recherche scientifique desde 1979, antiquista, filóloga e linguista de formação, além de arqueóloga. É também associada do Laboratoire d'Antropologie Sociale do renomado Collège de France. É especialista em línguas, escrituras, história e religião do Irã antes do Islã.

Referências

Février, James. *Histoire de l'écriture*. Paris: Payot, 1984, p. 616.

Herrenschmidt, Clarisse. *Les trois écritures: langue, nombre, code*. Paris: Gallimard, 2007, p. 505.

Referências na obra de Lacan

Aula de 6 de dezembro de 1961. In: O Seminário 9, "A identificação" (1961-62) (inédito).

D - O Um da série e a série dos números inteiros

Ao equivaler o Um à série dos números inteiros, Lacan se refere à elaboração teórica de G. Frege e à sua tentativa de definir o conceito de número cardinal, numa intersecção entre a lógica, as matemáticas e a filosofia. O objetivo de Frege era demonstrar que a aritmética repousaria na lógica, e seria nada mais do que uma extensão desta última — conforme a insuficiência da dedução lógica do 1 e da necessidade de passar pelo 0.

Aleph zero é a notação do cardinal do conjunto dos inteiros naturais e, por equipotência, o cardinal de qualquer conjunto infinito contável. Aleph zero é, então, a cardinalidade do conjunto de todos os números naturais, o primeiro cardinal infinito, ou seja, é o primeiro na série indexada pelos ordinais dos Aleph, uma série de ordinais definida por Georg Cantor para representar todos os cardinais infinitos.

Autor citado

Georg Ferdinand Ludwig Philipp Cantor (1845-1918), matemático alemão conhecido por ser o criador da teoria dos conjuntos, estabeleceu a importância da bijeção entre os conjuntos, definindo os conjuntos infinitos e os conjuntos bem-ordenados. Ele provou, igualmente, que os números reais são mais numerosos do que os números inteiros naturais. Com efeito, o Teorema de Cantor implica a existência de uma "infinidade de infinitos". Ele define os números cardinais, os números ordinais e sua respectiva aritmética. O trabalho de Cantor tem grande interesse filosófico e resultou em diversas interpretações e debates.

E - Os diversos sentidos do um e a função da existência

Lacan afirma que o Um se prestaria a diversos

sentidos, como elemento vazio, a questão do equívoco do seu surgimento e a bifididade do Um no "Parmênides" de Platão: o Um se diferencia do Ser, e o Ser é sempre Um. Esse caráter duplo do conceito do Um é o que permite a extração da função da existência.

A existência do Um se enuncia logo após a sua inexistência correlativa; ou seja, a existência surge sob o fundo de inexistência, e *ex-sistere* se sustenta apenas por algo fora, que não é — e é precisamente isto que demarca o campo do Uniano: o que só existe ao não ser: {I (o Um sozinho) seguido do Ø (o I apagado, que tem por significado ora o conjunto vazio, ora a significação do zero, 0); em seguida, se obtém a recorrência de um +1, a série dos números naturais: 1 2 3 ...}. Nessa lógica, se pressupõe sempre "o mesmo Um, o Um que não se deduz, ao contrário da poeira nos olhos que pode nos jogar John Stuart Mill, simplesmente pegando coisas distintas por tomá-las como idênticas" (Lacan, p. 129).

Autor citado

John Stuart Mill (1806-1873), filósofo, lógico e economista britânico, conhecido como um dos pensadores liberais mais influentes do século XIX; partidário do utilitarismo — teoria ética desenvolvida por seu padrinho Jeremy Bentham —, para o qual Miller propôs sua própria interpretação. Precursor do feminismo, Mill desenvolveu um sistema de lógica em que se opera a transição entre o empirismo do século XVIII e a lógica contemporânea.

Referências

Frege, Gottlob. *Les fondements de l'arithmétique: recherche logico-mathématique sur le concept de nombre.* Collection L'ordre philosophique. Paris: Seuil, 1969, p. 233.

Mill, John Stuart. *Système de logique déductive et inductive* (1843). Traduction française réalisée par Louis Peisse à partir de la 6e édition britannique de 1865. Paris: Librairie philosophique de Ladrange, 1866.

(Esse livro apresenta a expressão de uma nova filosofia, uma corrente de pensamento indispensável que liga David Hume a Bertrand Russell. Esse sistema de lógica propõe, dentre outras, uma nova teoria dos sofismas, dos nomes próprios, da referência e, sobretudo, da indução.)

Miller, Jacques-Alain. Aula de 16 de março de 2011 do curso "L'Un-tout-seul", onde demonstra, magistralmente, a construção no ensino de Lacan no que tange ao desnivelamento do ser e da existência.

Capítulo 10
Há-um

Tema I - Existência, Um e Ciência

Nesse capítulo, Lacan discorre sobre o conceito de existência a partir do enunciado "Há-um". Uma mudança de paradigma se opera quando Lacan trabalha com Cantor e Frege a partir do conceito de Um, que é tão diferente do Um de Galileu — o Um do número, Um de uma existência natural, derivado do Um individual do corpo, enquanto o Um da lógica, o Um que interessa a Lacan, é o Um do real. E esse Um do real, "Há-um", é da ordem da escrita, em oposição à fala:

{Escrita (Existência) ◊ Fala (Ser)}

Autor citado

Galileu Galilei (1564-1642), considerado o pai da ciência moderna, matemático, geômetra, físico e astrônomo italiano. Através de observações rápidas e precoces, abalou os fundamentos da disciplina astronômica.

Homem de ciências, foi um defensor da abordagem co-
pernicana do Universo e do movimento terrestre, vindo
a propor a adoção do heliocentrismo, entre outras. No
domínio da matemática, Galileu apostou que a linguagem da natureza se daria através da escrita matemática,
querendo dizer com isso que a natureza se transforma
em um real que contém um saber.

Esse postulado científico é traduzido por Lacan
em dois enunciados: a) "Há saber no real" (Lacan, Jacques. Nota italiana. In: *Outros escritos*, Rio de Janeiro:
JZE, 2003, p. 312); e b) o cientista "aloja saber no real"
— dito de outra maneira, o saber científico é um saber
no real, ou seja, vemos aí a ideia de um real da ciência
que é absolutamente sobreposto ao simbólico, enquanto
o real, para a psicanálise, é da ordem da fórmula "não
há relação sexual", quer dizer, o real da psicanálise é um
real que não para de não se inscrever e se encontra em
oposição ao real da ciência, cuja certeza pode se escrever.

Referências

Bassols, Miquel. Em psicanálise não há saber no
real. Texto de orientação para o IX Congresso da AMP.
Consultado em: http://www.congresamp2014.com/pt/
template.php?file=Textos/Dans-la-psychanalyse-il-ny-a-
-pas_Miquel-Bassols.html

Miller, Jacques-Alain. Lire un symptôme. In:
Mental/ Revue internationale de psychanalyse, n° 26.
Bruxelas: EFP, 06/2011, pp. 49-58.

_____. L'Un-tout-seul. Curso de 23 de março
de 2011 (inédito).

Nessa aula, Miller diferencia os campos da existência e do "para-ser" ou "aparência". A existência estaria correlacionada à medida da escrita, enquanto o "para--ser" estaria em conjunção com a fala.

_____. Apresentação do tema do IX Congresso da AMP. Conferência apresentada, em espanhol, no dia 26 de abril de 2012, em Buenos Aires, por ocasião do VIII Congresso da AMP. Texto consultado em: http://www.congresamp2014.com/pt/template.php ?file=Textos/Presentation-du-theme_Jacques-Alain--Miller.html

TEMA II - REALIDADE NATURAL, REALIDADE DO FANTASMA: APOIO LÓGICO AO UNICÓRNIO

La Dame à la licorne [A senhora do unicórnio]
Série de seis tapeçarias de Flandres em seda, circa *1490*
Museu de Cluny, Paris

Quando Lacan evoca a perspectiva científica e a existência, a sustentação lógica que se pode dar ao unicórnio faz referência ao trabalho de Serge Leclaire a respeito do "poordjeli". Sobre o "poordjeli" e a interpretação significativa, Lacan (*O Seminário, Livro 11, Os quatro conceitos fundamentais da psicanálise*, capítulo 19, "Da interpretação à transferência") afirma que o trabalho de Leclaire ilustra a passagem da interpretação significativa em direção ao não-sentido significante. Ou seja, a interpretação é uma significação que faz surgir um significante irredutível.

No entanto, é no seminário do ano seguinte, "Posições subjetivas do ser" (embora, por prudência, Lacan tenha acabado por nomeá-lo "Problemas cruciais para a psicanálise", cujo primeiro capítulo se chamou "Posições subjetivas da existência"), que vemos um debate em torno da questão do nome próprio (a partir de uma conferência de Serge Leclaire) e Jacques-Alain Miller, com seu texto sobre a sutura significante.

Autor citado

Serge Leclaire (1924-1994), psicanalista francês, um dos primeiros discípulos de Lacan, além de seu analisante. Nos anos 1960, Leclaire tentou dar conta do fim da análise, a partir de uma revelação que viria através de uma fórmula no seu caráter fonético e fora de sentido, ou seja, uma demonstração de como a cadeia significante determina o sonho e de como a estrutura da linguagem seria inerente ao inconsciente. O caso célebre que exemplifica isso, e que foi apresentado, é o do homem do unicórnio, com sua fórmula de "poordjeli".

Posteriormente, Leclaire se distanciou de Lacan, estabelecendo sua própria teoria analítica.

Referências

Laplanche, J.; Leclaire, S. L'inconscient: une étude psychanalytique. In: *L'inconscient, VIème Colloque de Bonneval (1960)*. Paris: Desclée de Brouwer, 1966; ou Bibliothèque des introuvables, 2007.
Leclaire, Serge. Le rêve à la Licorne. In: *Psychanalyser*. Paris: Le Seuil, 1968.
Miller, Jacques-Alain. La suture. In: *Cahiers pour l'analyse*. Vol. 1. Paris: ENS, 01/1966, pp. 37-49 (Retomado a partir de uma intervenção no Seminário de Jacques Lacan do dia 24 de fevereiro de 1965).

TEMA III - EXTRAVAGÂNCIAS DO NÚMERO

Lacan equivale o "Há-um" à teoria dos conjuntos — *Mengenlehre* —, na maneira como é fundada por Cantor, e as consequências das "extravagâncias do número" na história da matemática: desde Platão, o número irracional é algo que escapa ao campo do Um, ao método exaustivo de Arquimedes e ao uso do infinito para definir o transfinito, ou mesmo a série trigonométrica de Fourier, ou o Triângulo de Pascal — do qual Lacan se serve para figurar o que, na teoria dos conjuntos, se denomina como partes dos conjuntos e a relação do Um com o *nada*, a falta de onde se cria o furo.

Em 1870, Cantor desenvolveu e provou o Teorema da Unicidade para as series trigonométricas.

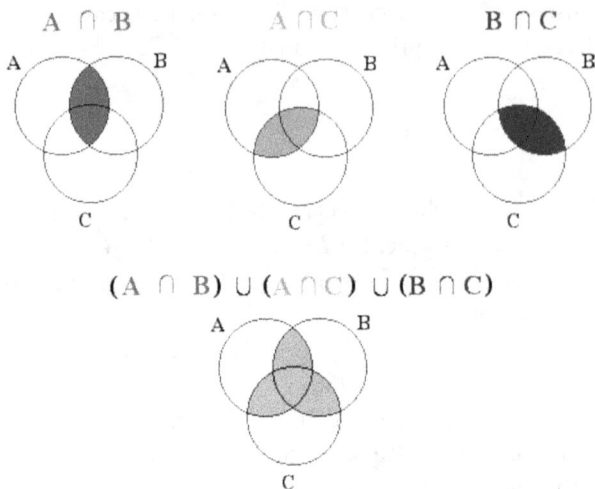

Teoria dos Conjuntos, de G. Cantor

Autores citados

Arquimedes de Siracusa (287 a.C. - 212 a.C.), grande cientista, físico, matemático (considerado o mais importante da Antiguidade) e engenheiro grego da Antiguidade Clássica. Com relação à matemática, utilizou o *método da exaustão* para calcular a área sob o arco de uma parábola através da soma de uma série infinita e deu um enquadramento de precisão bastante acurada ao número Pi (π). Embora de difícil realização, o método da exaustão permaneceu, no seu domínio, como sendo o único método de demonstração considerado verdadeiramente rigoroso durante séculos. Mesmo o surgimento do método dos indivisíveis de Cavalieri, no início do século XVIII, não fez com que o método da exaustão se tornasse completamente obsoleto, embora tenha sido ultrapassado, anos depois, pelo sucesso do cálculo infinitesimal, cuja autoria é atribuída a Leibniz e a Newton.

Domenico Fetti, "Arquimedes pensativo", 1620

Blaise Pascal (1623-1662), matemático, físico, inventor, filósofo, moralista e teólogo francês. Matemático de renome, desenvolveu, por exemplo, um método de resolução do "problema dos partidos" que resultou, durante o século XVIII, no cálculo das probabilidades, influenciando as modernas teorias econômicas e as ciências sociais. Em matemática, o Triângulo de Pascal é uma matriz triangular formada por coeficientes binomiais. É designada desta maneira em homenagem a Pascal, embora tenha sido estudada por diversos outros matemáticos em séculos anteriores, sobretudo por Yang Hui, na China, e Al-Karaji, na Pérsia.

Jean Baptiste Joseph Fourier (1768-1830), matemático e físico francês, conhecido por seus trabalhos sobre a decomposição das funções periódicas em séries trigonométricas convergentes chamadas "Séries de Fourier" e sua aplicação ao problema da propagação do calor. Geralmente, se atribui a ele a descoberta do efeito estufa.

Referências

Arquimedes. *Œuvres d'Archimède traduites littéralement avec un commentaire par F. Peyrard.* Paris: Chez François Buisson, 1807, p. 601.

Fourier, Joseph. *Œuvres publiées par les soins de M. Gaston Darboux*, vol. 1. Paris: Gauthier-Villard et fils, 1888.

_____. *Œuvres publiées par les soins de M. Gaston Darboux*, vol. 2. Paris: Gauthier-Villard et fils, 1890.

O leitor lerá com proveito os artigos de Nathalie Charraud sobre Cantor, Lacan e a matemática:

Charraud, Nathalie. Cantor avec Lacan (I). In: *La Cause freudienne*, n° 39. Paris: L'Ecole de la Cause freudienne 05/1998, pp. 117-125.

_____. Cantor et Lacan, II. In: *La Cause freudienne/* Nouvelle revue de psychanalyse, n° 40. Paris: L'Ecole de la Cause freudienne, 09/1998, p. 139.

_____. Georg Cantor: superlatif et infini. In: *Actes de l'Ecole de la Cause freudienne*, n°13. Paris: L'Ecole de la Cause freudienne, 11/1987, p. 112.

_____. *Infini et Inconscient: essai sur Georg Cantor*. Paris: Anthropos, 1994, p. 288.

_____. *Lacan et les mathématiques*. Paris: Anthropos, 1997, p. 110.

Capítulo 11
História de Uns

Tema I - O Discurso do Analista

Lacan retoma seus avanços sobre a estrutura dos discursos, ressaltando, por sua vez, a posição do significante e *a dose* de gozo implicados nos efeitos do discurso. Ora, no presente capítulo, o discurso do analista é articulado justamente à existência do *Um* [*Yad'lun*]. A operação do discurso do analista repousa, como Lacan evocará nesse capítulo, sob a convergência de um significante e a reprodução deste *a partir do que foi sua eflorescência*. Nesse contexto, após expor a estrutura da teoria dos conjuntos (Cantor), Lacan a articula ao discurso do analista, pontuando o Um como princípio da repetição, marcado pelo *Um da falta, de um conjunto vazio*. Tal repetição está presente, justamente, no fundamento *da incidência no falar do analisante*.

Lembremos que, tal como desenvolvido por Lacan em seu seminário do ano seguinte, o Seminário 20 (Livro 20, "Mais, ainda", lição de 12 de dezembro de

1971, p. 14), o discurso do analista se sustenta a partir do enunciado de que não há, não há relação sexual, da não existência da relação sexual (Jacques-Alain Miller, "L'un-tout-seul", aulas 6, 7 e 8).

Referências

Miller, Jacques-Alain. L'un-tout-seul. Cours d'Orientation lacanienne. Aulas 6, 7 e 8. Departamento de Psicanálise da Universidade Paris 8, 2011.

Referências na obra de Lacan

O seminário, Livro 20, Mais, ainda. Rio de Janeiro: Jorge Zahar, 1985.

TEMA II - SE NÃO HÁ RELAÇÃO ENTRE OS DOIS, CADA QUAL CONTINUA A SER UM

A - O sexo real/ dual

Ao se referir a George Berkeley e a seus argumentos idealistas empíricos, Lacan evoca a representação, ou seja, o mundo tal qual o sujeito o representa, como ponto central do *esquema berkeliano* (*O Seminário, Livro 16, De um Outro ao outro*, lição de 30 de abril de 1969). Para tal, a fórmula berkeliana "ser é ser percebido" pode ser articulada com a representação do sexo real/ dual, pelo fato, justamente, de esta não ter sido enunciada por

Berkeley em seu sistema de entendimento.

Neste contexto, Lacan refere-se aos avanços da biologia celular e da microbiologia do Século XVIII no que tange aos estudos dos gametas, justamente aquilo que é da ordem da diferença das células sexuais e erroneamente articulada com a suposta existência da relação sexual, isto é, considerando que existam dois, isolando, por conseguinte, o Um da falta. Paralelamente, refere-se a Freud e suas pontuações sobre a força fundadora da vida, o princípio de união (Freud) questionando, neste sentido, a suposta relação sexual.

Autor citado

George Berkeley (1685-1753), irlandês, membro do clero anglicano e filósofo empirista. Elaborou sua teoria imaterialista a partir do princípio de que as coisas são conhecidas apenas como ideias, representações. Com sua fórmula "ser é ser percebido", Berkeley concebe o mundo como objeto de percepção, sendo este mundo concebido como obra de Deus. Em *Principes de la connaissance humaine* (1710), o autor desenvolve o que é chamado de filosofia idealista empírica.

Referências

Freud, Sigmund. *Malaise dans la civilisation* (1927). Paris: PUF, 2004.
_____. *L'avenir d'une illusion* (1929). Paris: Payot, 2010.

Referências na obra de Lacan

O Seminário, Livro 16, De um Outro ao outro. Rio de Janeiro: Zahar, 2008.

B - O Um como reiteração da falta

Aqui, servindo-se da teoria dos conjuntos e de um de seus aspectos, o conjunto vazio, { }, Lacan desenvolve o Há-um [*Yad'lun*]. Na teoria dos conjuntos, dois conjuntos são iguais se contêm os mesmos elementos. Consequentemente, há apenas um conjunto que não contém nenhum elemento, o conjunto vazio. Logo, um conjunto vazio equivale à *diferença radical*. Desta forma, como exposto anteriormente, a função do Um aparece aqui articulada com a falta e com a diferença. "O Um surge como que do efeito da falta" (*O Seminário, Livro 19, ...ou pior*, p. 153) ou ainda "O Um, saído do conjunto vazio, seria então a reiteração da falta". (Idem, p. 156). Teríamos, assim, a mesmice da diferença, ou, ainda, a reiteração da falta. Nesse contexto, poder-se-ia ressaltar o título do capítulo estabelecido por Jacques-Alain Miller, "A história de Uns", articulado com "O Um, como reiteração da falta, é o Um da diferença".

Autor citado

Georg Ferdinand Ludwig Philipp Cantor (na presente pesquisa, o leitor poderá se referir às leituras propostas no capítulo 9, referente a Cantor).

Referências

Miller, Jacques-Alain. L'un-tout-seul. Cours d'Orientation lacanienne, aulas 6, 7 e 8. Departamento de Psicanálise da Universidade Paris 8, 2011.

Capítulo 12
O saber sobre a verdade

Tema I - O Saber Sobre o Gozo

Lacan ressalta a diferença entre o traço unário e o Há--um [*Yad'lun*]. Enquanto o primeiro estaria, como foi desenvolvido por Freud ("Psicologia das Massas"), do lado da identificação imaginária, o segundo seria da ordem de um outro registro. Ao criticar a noção de massa, noção herdada (Idem, p. 16) de Gustave Le Bon, Lacan pontua que a repetição justamente não funda o *todos*, o universal, nem se identifica com nada. Nesse contexto, ao articular o Eu à economia do psiquismo (1915), Freud comete um erro ao constituir tal postulado como *a guarda do núcleo da verdade*. Aqui, poderíamos articular tais críticas com o que foi desenvolvido a partir dessa noção freudiana como sendo a "Psicologia do Eu" em voga nos anos 1950, principalmente nos Estados Unidos (Heinz Hartmann). Ao se referir ao livro daquele que se endereça às massas (Eclesiastes), do sábio, Lacan pontua justamente o saber do gozo como lugar privilegiado de todas as religiões. Nesse contexto, Lacan faz referência à mutilação de Hermes, ou seja, sua pluralização, da figura divina ao personagem mítico grego (*O Seminário, Livro 8, A Transferência*, Capítulo XI), evocando, dessa forma, o saber sobre o gozo como *à margem da civilização* — aquilo que Freud chamou de *seu mal-estar*.

Autores citados

Heinz Hartmann (1894-1970), psiquiatra e psicanalista nascido em Viena, considerado o fundador da corrente teórica *Ich-Psychologie* [Psicologia do Ego]. Insistiu sobre a função do Eu e sua adaptação à realidade. Sabemos, também, que Ernst Kris e Rudolph Loewenstein contribuíram, significativamente, para a edificação da *Ich-Psychologie*. Tais autores foram revisitados por Lacan ao longo de seu ensino.

Gustave Le Bon (1841-1931), médico e cientista social, autor de inúmeras obras sobre desordem comportamental e psicologia das massas. Apoiou-se na teoria do biólogo darwinista alemão, Ernst Haeckel (1834-1919).

Referências

Eclesiastes (aquele que se endereça às massas). Livro da Bíblia hebraica presente em todos os cânones. O livro se compõe de reflexões gerais sobre o sentido da vida, ou a ausência dele, evocando alguns conselhos. Aqui, a sabedoria equivale à tristeza e o saber, à dor. Diante da constatação da presença da ameaça constante da morte e da injustiça no reino dos homens, o livro insiste em frisar a importância da vida como o único campo de atividades e de realizações importantes para o homem, segundo os preceitos dos Mandamentos.

Freud, Sigmund. *Psychologie des foules et analyse du moi* (1921). Paris: Petite Bibliothèque Payot, 2012.

_____. *Métapsychologie* (1915). Paris: Ed. Gallimard, 1968.

Referências na obra de Lacan

O Seminário, Livro 8, A Transferência. Rio de Janeiro: Jorge Zahar, 1992.

TEMA II - A TRANSFERÊNCIA

Tema longamente desenvolvido por Lacan ao longo de seu ensino, e principalmente em seu *Seminário, Livro 8*, podemos dizer que Lacan, ao retomá-lo no presente capítulo, isola o saber sobre o gozo, insistindo no fato de que a posição de semblante, ocupada pelo analista, seria a única situação sustentável em relação ao gozo. Nesse contexto, Lacan declina a questão do semblante, do *saber não iniciático*, da realidade fantasmática e do amor (Fenomenologia do amor).

Autores citados

Sobre o amor, o leitor poderia referir-se aos livros abaixo, como já indicara Jacques-Alain Miller:

André Breton, surrealista. *Amour Fou* (1937) é um conto escrito entre 1934 e 1936 e publicado em

1937. O livro relata experiências vividas e descrições de sonhos com rupturas narrativas. Gira em torno do encontro de sua futura esposa, Jacqueline Lamba.

Honoré d'Urfé. *L'Astrée* (entre 1607 e 1627), romance pastoral, é constituído de seis partes, 40 histórias, 60 livros e 5.399 páginas. Apesar de ser considerado um livro denso e complexo, poder-se-ia dizer que o fio condutor repousa sobre a história de amor *perfeito* entre a heroína Astrée e o personagem Céladon.

TEMA III - A VERDADE

A verdade, tal como elaborada no presente capítulo por Lacan, é a articulação significante. No que tange à verdade, Lacan retoma, mais uma vez, os avanços dos matemáticos Frege e Cantor (cf. Cap. 9 da presente pesquisa) e isola a verdade da falta, a verdade como jamais completa e a existência de uma suposta inacessibilidade. Se partirmos do que Lacan articulou entre o Um e o significante (Miller, "L'un-tout-seul"), poderíamos supor que existiria uma aproximação entre o Um, o saber sobre a verdade e a não existência da relação sexual.

Referências

Miller, Jacques-Alain. L'un-tout-seul. Cours d'Orientation lacanienne. Aulas 6, 7 e 8. Departamento de Psicanálise da Universidade Paris 8, 2011.

Capítulo 13
Na base da diferença dos sexos

Nesse capítulo, Lacan trabalha a diferença lógica entre os sexos baseada na diferença lógica entre diferença e atributo. Trabalhando sua fórmula "não há relação sexual", postula a existência lógica da sexualidade. Em seu exercício de pensamento, Lacan busca estabelecer, a partir da lógica matemática, da existência dos conjuntos e das classes, do atributo e da diferença, o que constitui o "Saber do analista". E este saber ele o estabelece recorrendo ao paradoxo lógico da inexistência da relação sexual e desse vazio preenchido pela linguagem.

Tema I - O Dois Não Está Fundido em Um Nem o Um É Fundado por Dois

Para Lacan, o dois/ deles [*d'eux*] não está fundido em Um, nem o Um é fundado por dois/ deles [*d'eux*]; ele diz que é isso que diz Aristófanes, em sua fábula no *Banquete* (p. 173).

A - O mito de Aristófanes

No *Banquete* de Platão encontramos uma série de discursos sobre a natureza e as qualidades do amor. Aristófanes começa seu discurso advertindo que sua forma de discursar será diferente. Faz, de imediato, uma denúncia da insensibilidade dos homens para com o poder miraculoso de Eros, e sua consequente impiedade para com um deus tão amigo. Para conhecer esse poder, ele diz que é preciso conhecer, antes, a história da natureza humana; dito isto, passa a narrar o mito da nossa unidade primitiva e sua posterior mutilação. Segundo Aristófanes, havia, inicialmente, três gêneros de seres humanos, que eram duplos de si mesmos: o gênero masculino-masculino, o feminino-feminino e o masculino-feminino, que era chamado de andrógino. Nas palavras do poeta:

> É então de há tanto tempo que o amor de um pelo outro está implantado nos homens, restaurador da nossa antiga natureza, em sua tentativa de fazer um só de dois e de curar a natureza humana. Cada um de nós, portanto, uma téssera complementar de um homem, porque cortado com os linguados, de um só em dois; e procura cada um o seu próprio complemento.

Assim, aqueles que são derivados do corte do andrógino, sejam homens ou mulheres, procuram o seu contrário. Isto explica o amor heterossexual. E aquelas que foram o corte da mulher, o mesmo ocorrendo com aqueles que são o corte do masculino, procurarão se unir ao seu igual. Aqui, Aristófanes apresenta uma explicação para o amor homossexual feminino e masculino. Quando essas metades se encontram, custam a se separar, sentem-se à vontade para se "fundirem" novamente num só. Esse é o nosso desejo, ao encontramos a nossa *cara-metade*.

B - O agalma platônico

Jean-Baptiste Regnault - Sócrates salvando Alcibíades das tentações da volúpia, 1791

Lacan procurou, no *Banquete* de Platão, o que poderia ajudá-lo a esclarecer o fenômeno da transferência e as condições do amor. Uma dessas condições está assinalada por Alcibíades no diálogo platônico que encontra na figura de Sócrates, apesar de pouco afortunado, algo que o faz digno de tanto amor. Alcibíades usa a palavra "agalma", a saber, coisa preciosa, que brilha e atrai, que Sócrates esconde e pela qual é merecedor de tão belas palavras de amor. Lacan chama a este *agalma* "objeto *a*".

Jacques-Alain Miller (*El banquete de los analistas*, p. 177) lembra que, para Lacan, não há Outro do Outro, e por esse motivo também não há "transferência da transferência", o que significa que a transferência não é reduzida a zero no fim da análise e a única maneira de fazer algo será a partir do significante da falta no Outro, a partir do matema S (Ⱥ).

Referências

Bassols, Miquel. Hacia un significante nuevo", de J.-A. Miller. In: *Revista Uno por Uno*, nº 32. Buenos Aires: Eólia, 1982.

Miller, Jacques-Alain. El deseo del analista (Cap. II). In: *El banquete de los analistas. Cursos psicoanalíticos.* Buenos Aires: Paidós, 2000, pp. 45 -62.

_____. El saber y La verdad (Cap. XX). In: *El banquete de los analistas. Cursos psicoanalíticos.* Buenos Aires: Paidós, 2000, pp. 349-364.

Referências na obra de Lacan

O Seminário, Livro 8, A Transferência. Rio de Janeiro: Jorge Zahar, 1992.

TEMA II - O UM DA DIFERENÇA

Lacan afirma que existe o Um da diferença e que ele deve ser contado como tal, a saber, como *Há-um*.

A - Gozo do um

O gozo do Um não convém à relação sexual; o gozo tido como sexual é fálico, não se relaciona com Outro, tal como formulado por Lacan no *Seminário, Livro 20, Mais ainda*.

> Cf. *Seminário 19 ...ou pior*, p. 177: "(...) se *Há-um*, ou *não dois*, o que se interpreta como: não existe relação sexual".

B - Um gozo que não convém ao dois

"O gozo não convém à relação sexual, não é da ordem da relação, não produz laço com o Outro", e isso deverá se compreender de maneira radical, como assinala Jacques-Alain Miller em sua aula de 7 de fevereiro de 1996, "O autismo do gozo".

O *Há-um* "não faz coisa alguma no sentido do sentido", e quem, no discurso analítico, desempenha a função de pequeno *a* (referência à coisa freudiana, ao *Das Ding*), vem ocupar a função de semblante (*Seminário, Livro 19 ...ou pior*, p. 175).

Referências

Miller, Jacques-Alain. El autismo del goce (Cap. VII). *La fuga del sentido. Cursos psicoanalíticos.* Buenos Aires: Paidós, 2012, pp. 165-178.

Referências na obra de Lacan

Cap. IV "Das Ding" e Cap. V "Das Ding II". In: *O Seminário, Livro 7, A ética da psicanálise.* Rio de Janeiro: Jorge Zahar Editor, 1988.

Capítulo 14
Teoria das Quatro Fórmulas

Tema I - O Saber do Psicanalista: Como e Por Que *Há-Um*

Nesse capítulo, a diferença, o atributo, a função fálica, a linguagem e o gozo se explicitam na teoria dos quatro discursos, e vão constituir os fundamentos desse "Saber do analista" que é da ordem do matema, do real como impossível, da verdade e do gozo.

A - Teoria dos quatro discursos

Lacan atinge o ápice de uma época teórica e chega ao que será apresentado em seu último ensino. Com os quatro discursos — do Mestre, da Histérica, do Universitário e do Analista — e sua formulação da sexuação, Lacan relança a questão da existência de pelo "menos um que nega a função fálica": "Há pelo menos Um que não está submetido à castração — como se pode estudar nas suas fórmulas da sexuação" (*O Seminário, Livro 20, Mais, ainda*. Cap. VII).

Lacan trabalha o "mito do pai da horda" em Freud, no texto "Totem e Tabu", junto com a concepção cantoriana da teoria dos conjuntos e dos números infinitos (Cantor).

Nesse capítulo, Lacan vai ao limite de sua reflexão sobre o "Saber do psicanalista". Lacan assinala a diferença dos sexos: de um lado, existe pelo menos um que diz não à função fálica, o masculino; do outro, não há linguagem que diga não a essa função, o feminino.

Lacan vai de Aristóteles a Cantor, passando por Bertrand Russel, na medida em que, para que haja conjunto, tem que haver exceção (pp. 186-187). Sobre *O saber do psicanalista*, e não *dos psicanalistas*, seria mais conforme o tema do Seminário 19, "...ou pior":

"Ou seja, *Há-um* [*Yad'lun*]."

B - A relação entre o saber e a verdade

"Não se trata da verdade sobre o saber, mas do saber sobre a verdade. O saber sobre a verdade articula-se a partir do estímulo do que tenho enunciado este ano sobre o *Há-um*. *Há-um* e mais nada". Para Lacan, trata-se, porém de um Um muito particular, justamente aquele que separa o Um do dois, o que significa que "esse Um é o Um totalmente só (...) e a verdade, só pode ser meio dita".

É em torno desse Um que gira a questão da existência, e a "teoria dos conjuntos" é a interrogação de por que *Há-um* (p. 192).

Autor citado

Georg F. L. P. Cantor[1] (1845-1918), nascido em São Petersburgo, passou a maior parte de sua vida na Alemanha. Seus primeiros trabalhos estão voltados para a questão dos números. Seu interesse era estabelecer fundamentos sólidos para o *continuum* dos números reais, mostrando, entre outras coisas, que há conjuntos não enumeráveis. Ao distinguir números algébricos e transcendentais (não algébricos), Cantor encontra a maneira de comparar os tamanhos de "conjuntos finitos", mostrando que o conjunto de todos os números é maior do que o conjunto dos números algébricos. Encarar totalidades, e não objetos individuais (números, pontos ou funções) é uma das inovações de Cantor. Assim, ele descobre que as totalidades possuem propriedades que não são compartilhadas pelos objetos dessas mesmas totalidades.

TEMA II - O REAL DA MATEMÁTICA E A TEORIA DOS CONJUNTOS

A - O valor dos elementos matemáticos

Deve-se levar em conta o valor dos elementos matemáticos para saber fazer emergir algo que concerne à nossa experiência analítica, e isso é assinalado em relação a Dedekind (*O Seminário 19, ...ou pior*, p. 187).

No que concerne ao saber sobre a verdade, Lacan

---

1 Este perfil complementa o anterior, conferir no Capítulo 9.

não encontra nada melhor que o *matema*.

B - A verdade como função

Para Lacan, há dois momentos em relação ao *Há--um*: o momento de Parmênides e o momento de Peirce. Este último usa o 0 e o 1 e logo vai designar os valores V (verdadeiro) e F (falso). De forma que "a verdade é uma simples função; e mais, além de sua função, comporta um real que nada tem a ver com a verdade, e sim com a matemática" (p. 192).

Autores citados

J. W. Richard Dedekind (1831-1916), matemático alemão. Em sua obra *Was sind und was sollen die Zahlen?* [*O que são números e o que deveriam ser?*], publicada em 1888, se encontra a primeira demonstração exata dos números naturais por axiomas. Nela, trata de responder ao velho problema de "fundamentar a matemática". Grande algebrista, o autor ordena e delineia o marco geral de sua concepção da matemática pura. A aritmética, a álgebra e a análise matemática encontram para ele um fundamento comum na "Teoria dos conjuntos" e suas aplicações.

Charles Sanders Peirce (1839-1914), cientista, matemático, historiador, filósofo e lógico norte-americano. Concebia a Lógica dentro do campo do que ele chamou de "Teoria geral dos signos" ou "Semiótica". Fez contribuições importantes nos campos da Geodésia, Biologia, Psicologia, Matemática e Filosofia, sendo

chamado por muitos de "o Leonardo das ciências modernas". Uma das marcas do pensamento peirceano é a
ampliação da noção de signo e, consequentemente, da
noção de linguagem. Foi o enunciador da tese anticar-
tesiana de que todo pensamento se dá em signos e na
continuidade dos signos, do diagrama das ciências, das
categorias e, em particular, do "pragmatismo".

Capítulo 15
O desejo de dormir

Na quarta e última parte do Seminário 19, intitulada por Jacques-Alain Miller "Coda", em referência ao movimento final de uma partitura musical, vemos como Lacan se dirige rumo à conclusão, com as duas últimas aulas do seu Seminário de 1971-72 girando em torno da temática do "desejo de dormir" e do fato de que "os corpos [são] aprisionados pelo discurso".

TEMA I - O UM E O *UNIANO*

Podemos salientar que um dos temas desse capítulo se dá no movimento realizado por Lacan em torno do mito do *Pai que unia*, termo que é homofônico com o sentido de *unega* — em direção ao campo que ele elucubra como sendo da ordem do UM, e denomina de campo *Uniano*, ou seja, a função de ao menos um que diz não, a função da exceção, função de *uniar*. Existe um que diz que não, e esse "não" é o mesmo que negar, porém, a partir do verbo *uniar* se pode dizer que, em relação à castração, o Pai *unia*.

A - O pai que unia ou a universalidade da função paterna

No mito freudiano de "Totem e Tabu" (1912), o pai unia as mulheres; ele as une, porém *não-todas*. Considerar a função paterna nos moldes do pai da horda primitiva é pensar a função paterna ao nível do complexo de Édipo, ou seja, considerar a função do pai na sua universalidade, que toca o registro do *ser*. É o pai que diz "não", e sustenta a função da castração na condição de lei geral, na medida em que ele se extrai como exceção. Esta inauguração do universal do pai foi um dos marcos do primeiro ensino de Lacan, no qual ele extrai dos textos de Freud a universalidade da função paterna, condensada na metáfora paterna. O pai, através do seu "não", desprende o sujeito de sua alienação ao Outro materno e do gozo implicado nessa relação.

B - A função *é-pater* ou a singularidade de um pai

Sob uma outra perspectiva, que se encontra no seu último ensino, Lacan trata do pai não mais na sua universalidade, mas na sua singularidade. E o que singulariza um pai se encontra no nível do seu desejo em relação a uma mulher tomada entre outras. A singularidade de um pai é uma *pai-versão* [*père-version*], ou seja, é a relação de um pai com o que sua função possui de recusa a toda norma universal. Neste sentido, nos diz Miller, é que caberia a diferenciação do pai no registro do *ser* (nível do universal) e o pai no registro da *existência* (nível da singularidade). O pai se torna, assim, o que se mantém fora do universal, considerado uma função singularmente encarnada por Um: *aomenosum* [*aumoinsun*]

No capítulo anterior, Lacan diz que um pai identificado com o puro legislador é um pai schreberiano, ou seja, que produzirá filhos psicóticos: "Muitas interrogações se fizeram sobre a função do *pater familias*. Conviria focar melhor no que podemos exigir da função do pai. Essa história de carência paterna, como a turma se compraz com isso! Há uma crise, isso é fato, não é inteiramente falso. Em suma, o *é-Pater* não nos impressiona mais. Esta é a única função verdadeiramente decisiva do pai. Já assinalei que não era o Édipo, que isso já era, que, se o pai fosse legislador, isso nos deixaria como filho o presidente Schreber. Nada mais" (p. 200).

Lacan cria o neologismo a partir do verbo *épater*,[2] *é-Pater*, o pai que impressiona, cuja função seria causar impacto. O pai assombroso, impactante, já não impressiona, há uma crise desta função nas sociedades democráticas, que colocaram progressivamente em causa o patriarcado. Nesse *é-Pater* a função do pai deveria ditar a norma para-além do mito, porque não se trata do Édipo, e sim da função de um pai que surpreende, impressiona, escandaliza a família.

Lembremos que Lacan indica que a utilidade do *uniar* é explicar, por outra via, o que ele renunciou outrora a abordar sob os auspícios dos Nomes-do-Pai — levando-o, então, a considerar a contingência de sua excomunhão por parte de membros da IPA em 1963. Assim, desse seminário inexistente, só nos restou o traço de sua única aula de 20 de novembro de 1963.

Nesse movimento de pluralização dos Nomes-

---

2 N.T. Surpreender, impressionar.

-do-pai, vê-se como Lacan, através de diversos recursos, vai cada vez mais contra a ideia da unicidade do Outro, e a corrobora com a tese da inexistência do Outro, ou seja, não mais existe a articulação significante, mas sim o significante único de S(A̶); não há respondente, nem mesmo há relação sexual. De todo modo, a ideia gira em torno da falta de um significante dessa relação, desse *rapport*, e que condensaremos na função lógica do *não há Outro do Outro*.

Com seu estudo sobre o mito freudiano de Totem e Tabu, Lacan demonstra como o mito freudiano do pai morto encarna a função lógica do significante do Outro barrado S(A̶). A partir disso, Lacan encontra, na função Nome-do-pai, o correlato de um vazio na ordem simbólica. Dessa aula única, J.-A. Miller nos indica que Lacan, a partir do sacrifício de Abraão, realizaria a articulação entre o Nome-do-pai pluralizado com o objeto *a*. Parafraseando o que Lacan diz do pai no seu texto "Subversão do sujeito", em 1960, diremos, a partir do presente capítulo, que a verdadeira função do pai é a de *uniar* um desejo a uma Lei, através do que ele encarna na sua função de surpresa, de impacto, de despertar.

Lembremos ainda que foi essa "excomunhão", assim nomeada pelo próprio Lacan, a causa pela qual ele não pronunciou seu seminário sobre "Os Nomes-do-pai", e em seu lugar ele desenvolverá "Os quatro conceitos fundamentais da psicanálise", que poderia ter como título "O pai Freud" (Miller, *"Le banquet des analystes"* (1989-90), aula de 13 dezembro de 1989). Lacan nunca tomou essa excomunhão como algo da ordem do acaso, justamente quando ele se preparava para abordar o para-além de Freud, um para-além do Nome-do-pai através da articulação da pluralização dessa função "Nomes-do-

-pai" com o objeto *a*. Esta excomunhão, diz J.-A. Miller, "(...) é de fato seu posicionamento em extimidade. É seguro dizer que Lacan foi posto para fora da comunidade analítica. E foi, ao mesmo tempo, colocado no centro, no seu centro extime. (...) Vê-se que é em torno disto que gira o que se chama de IPA: a extimidade de Lacan diante da comunidade analítica".

Diante dessa excomunhão, Lacan realiza um retorno aos "conceitos fundamentais", não para elogiá-los, mas sim para ultrapassá-los e desfazê-los. Para-além dessa dimensão do pai (e do fato de que a IPA se estruturou de tal modo que não se deve atravessá-la, de onde a equivalência realizada por Lacan entre a IPA e a tradição religiosa, ambas implicadas do lado do Nome-do-Pai) na qual Freud se deteve (segundo Abram Kardiner, Freud afirmara se encontrar numa posição de *pai em demasia*), Lacan vai progressivamente demarcar que a posição do analista não é de pai, muito menos de Outro (de onde a referência bíblica de Lacan ao *El Shaddaï*, "Deus-Todo--Poderoso", o marco que dirigia Freud no sentido do Pai que se teme e se reverencia, e que permanece como ponto intransponível), e sim que o analista está no lugar de objeto *a*.

Autor citado

Abram Kardiner (1891-1981), psiquiatra, psicanalista e antropólogo americano, conhecido por ser um dos pioneiros e uma das figuras marcantes do desenvolvimento da psicanálise nos Estados Unidos a partir da perspectiva antropológica e culturalista.

Referências

Freud, Sigmund. Totem e Tabu (1913). In: *Obras completas de Sigmund Freud*. Trad. Dr. J. P. Porto. Rio de Janeiro: Delta, s.d., V. 14, pp. 49-239.

_____. Moisés e o monoteísmo (1939). In: Edição Standard Brasileira das Obras Psicológicas Completas de Sigmund Freud. Rio de Janeiro: Imago, 1996, v. 23. pp. 29-66.

Kardiner, Abram. *Mon analyse avec Freud* (1977). Paris: Les Belles Lettres, 2013.

Miller, Jacques-Alain. Extimité (1985-86). Aula de 29 de janeiro de 1986 (inédito).

_____. Le banquet des analystes (1989-90). Aula de 13 dezembro de 1989 (inédito).

_____. Un effort de poésie (2002-2003), aulas de 14 e 21 de maio de 2003 (inédito, a propósito de psicanálise e religião).

_____. L'Un-tout-seul (2011). Curso de 4 de maio de 2011 (inédito).

_____. L'Autre sans l'Autre. Apresentação do próximo tema do Congresso da New Lacanian School (NLS), que ocorrerá em Gante, Bélgica, em 2014. Apresentação realizada na finalização do XI Congresso da NLS, "O sujeito psicótico na era dos Geeks", Atenas, em 19 de maio de 2013.

Paris, Jean. L'agonie du signe. In: *L'atelier d'écriture*. Collection Change, numéro 11. Paris: Seghers Laffont, mai 1972, p. 133.

Referências na obra de Lacan

Nomes-do-Pai (1963). Série Paradoxos de Lacan. Rio de Janeiro: Jorge Zahar, 2005.

O triunfo da religião (1974). Precedido de Discurso aos católicos (1960). Rio de Janeiro: Jorge Zahar Ed., 2005.

A instância da letra no inconsciente ou a razão desde Freud (1957). In: *Escritos.* Rio de Janeiro: Jorge Zahar Editor, 1998, pp. 496-533.

Subversão do sujeito e dialética do desejo no inconsciente freudiano (1963). In: *Escritos.* Rio de Janeiro: Jorge Zahar, 1998, pp. 807-842.

Sobre o Outro do Outro ou sobre a metáfora paterna (Nome-do-pai)

Le Séminaire, Livre VI, Le désir et son interprétation (1958-1959). Paris: Editions de la Martinière, Le Champ freudien Editeur, 2013.

Capítulos IX ("A metáfora paterna"), X ("Os três tempos do Édipo"), XI ("Os três tempos do Édipo (II)") e XII ("Da imagem ao significante no prazer e na realidade"). In: *O Seminário, Livro 5, As formações do inconsciente.* Rio de Janeiro: Jorge Zahar Editor, 1999.

Sobre o drama do pai na trilogia claudeliana

O Seminário, Livro 8, A Transferência. Rio de Janeiro: Jorge Zahar Editor, 1992.

(Sobretudo a parte intitulada "O mito de Édipo Hoje. Um comentário da trilogia das Coûfontaine, de Paul Claudel". Capítulos XIX, XX, XXI e XXII.)

TEMA II - DO NOME-DO-PAI AO DESEJO: A HARMONIA LACANIANA DE QUATRO NOTAS

Deslocando-nos da metáfora paterna, de sua função, nos dirigimos com Lacan em direção à metonímia do desejo a partir dos sonhos. Sob o prisma que Lacan destaca nesse capítulo, vemos que o sonho serve para suspender a ambiguidade que há na relação do corpo consigo mesmo, a saber, o gozo. O dormir consiste em suspender o que está implicado na tétrade lacaniana, nesse acorde de quatro notas que compõe a estrutura do discurso: *o semblante, a verdade, o gozo* e *o mais-de-gozar.*

A - O desejo de dormir e o gozo

Se os sonhos são sonhos de desejo, e aí onde haveria uma relação sexual — que não existe — nesse axioma lacaniano, há toda uma ordem que funciona. E é nesta ordem que, como consequência do efeito da linguagem, podemos dizer que surge o desejo. Se "a relação sexual não existe", em seu lugar se encontra uma ordem cuja consequência é o desejo como efeito dessa ordem, que somente pode ser da estrutura da linguagem, puro efeito, sem substância, do significante. E o desejo fundamental do sonho, para Freud, é o desejo de dormir. Esse dormir consiste em suspender a famosa tétrade lacaniana: semblante, verdade, gozo e mais-de-gozar, interrompendo, assim, a *perturbação do gozo.*

B - O que se toca do real é a *Spaltung*, a cisão subjetiva

Ao abordar a dificuldade do discurso analítico, a partir da posição de semblante do objeto *a* — de semblante desse objeto-dejeto do qual o homem tira sua substância —, Lacan passa a tergiversar sobre o discurso científico como único discurso onde a posição de semblante é sustentável, pois é a *Spaltung* ($) — a falha do ser — que se encontra na posição de comando e que mais se aproxima da ordem do real — no sentido que, Miller nos lembra, aparece no último texto de Freud, inacabado, onde ele demonstra que o real é causa da divisão subjetiva, e o sujeito vem, então, como resposta do real.

A partir dessa perspectiva da *Spaltung*, podemos deduzir duas vias nas quais a experiência analítica pode se sustentar: a) experiência do real; e b) experiência de *Spaltung*, do sujeito em sua fenda. Ou seja, de um lado temos, por exemplo, o Lacan de 1965, de "A ciência e a verdade", em que afirma que o analista na sua práxis "dá conta do estado de fenda, de *Spaltung*" do sujeito. Esse nível é o da experiência analítica considerada como experiência da *Spaltung* e do reconhecimento do inconsciente enquanto tal. Do lado do analista, teríamos o nível da interpretação simbólica, apreendida como a prática do decifrar o sintoma a partir do desejo inconsciente e dos efeitos do recalque e do retorno do recalcado.

Por outro lado, temos o Lacan que considera a experiência analítica como uma experiência do real. Então, a interpretação é a interpretação fora do sentido, pelo equívoco, que toca o real no sentido que *perturba a defesa*, ao nível do arranjo de gozo, da disposição libidinal da pulsão, e que implica uma mobilização do corpo do analista no seu ato, a exemplo de uma mobilização e do uso da voz, do tom, do gesto, ou mesmo do olhar.

A experiência analítica seria, então, uma experiência do real e a interpretação do analista, ao passo em que objeto *a* — objeto-dejeto —, se encontra no registro de um dizer que é operante, quanto mais ele não tenha sentido e se assemelhe a um real (Lacan, 1974).

Autores citados

Didier Anzieu (1923-1999), psicanalista e universitário francês. Realizou sua primeira análise com Lacan ignorando o fato de que sua mãe, Marguerite Anzieu — mais conhecida como o "caso Aimée" da tese de psiquiatria de Lacan — também fora tratada por ele. Alguns anos depois, Anzieu se distancia de Lacan e desenvolve uma obra teórica (incluindo o conceito de "eu-pele") que é profundamente marcada, segundo J.-A. Miller, pelo interesse e cuidado que tem sua mãe por esse único objeto de sua preocupação que é seu filho.

François Recanati (1952-), francês, filósofo da linguagem, orientador de pesquisa do Centre National de la Recherche Scientifique (C.N.R.S.) e diretor de estudos na Ecole de Hautes Études en Sciences Sociales (EHESS). Ex-presidente da European Society for Analytic Philosophy.

Henri Poincaré (1854-1912), matemático, físico, filósofo e engenheiro francês. Realizou, entre outros, trabalhos em óptica e em cálculo infinitesimal. Seus trabalhos mais marcantes foram os desenvolvimentos a respeito do problema dos três corpos, no que tange ao estudo qualitativo dos sistemas de equações diferenciais e da teoria do caos. Considerado um dos últimos grandes cientistas, Poincaré foi um dos precursores da teoria da relatividade restrita e da teoria dos sistemas dinâmicos.

Referências

Anzieu, Didier. *A autoanálise de Freud e a descoberta da psicanálise*. Trad.   Francisco Franke Settineri. São Paulo: Artes Médicas, 1989.

_____. *Le Moi-peau*. Paris: Dunod, 1985.

Freud, Sigmund. *A interpretação dos sonhos* I (1900). In: Edição Standard Brasileira das Obras Psicológicas Completas de Sigmund Freud. Vol. IV. Rio de Janeiro: Imago, 1972.

_____. *A interpretação dos sonhos* II (1900). In: Edição Standard Brasileira das Obras Psicológicas Completas de Sigmund Freud. Vol. V. Rio de Janeiro: Imago, 1972.

_____. A Divisão do ego no processo de defesa (1938). In: Edição Standard das Obras Psicológicas Completas de Sigmund Freud. Vol. XXIII. Rio de Janeiro: Imago, 1976.

Miller, Jacques-Alain. La clinique différentielle des psychoses. Séminaire de D.E.A., Département de Psychanalyse de Paris VIII, aula de 26 de março de 1987 (inédito).

_____. L'expérience du réel dans la cure analytique (1998-1999). Aula de 27 de janeiro de 1999 (inédito).

_____. L'Un-tout-seul (2011). Aula de 30 de

março de 2011 (inédito).

Poincaré, Henri. *A ciência e a hipótese* (1908). Brasília: UnB, 1988.

Recanati, François. *Philosophie de la logique et philosophie du langage*. Paris: Odile Jacob, 1991.

_____. *Philosophie du langage (et de l'esprit)*. Paris: Gallimard (Folio Essais), 2008.

Referências na obra de Lacan

Le phénomène lacanien (1970). Conferência pronunciada no Centre universitaire méditerranéen de Nice. In: *Les Cahiers Cliniques de Nice*. Nice: Publication de la Section Clinique de Nice, 2011.

Capítulos XIII ("O sonho da injeção de Irma") e XIV ("O sonho da injeção de Irma" - fim). In: *O Seminário, Livro 2, O Eu na teoria de Freud e na técnica da psicanálise* (1954-55). Rio de Janeiro: Jorge Zahar, 1985.

Capítulo 16
Os corpos aprisionados pelo discurso

Tema I - O *Um* Faz o *Ser* — Como a Histérica Faz o Homem

Lacan não se despede de seu ensino nessa última aula do Seminário "...ou pior", nem faz um resumo de sua transmissão ao longo desse ano, mas assinala que o que nos interessa do discurso analítico é poder cingir esse impossível que chamamos real, e que como tal une os analistas na sua prática. Destaca-se, nesse impossível de dizer, o axioma: "Que se diga, como o fato fica esquecido por trás do que é dito/ que não se ouve". E quem comanda, segundo o enunciado *Há-um*, é o Um, esse Um que cria o Ser, no âmbito da ontologia, conforme "Parmênides", sem por isso fazer ontologia demais. Em relação ao gozo, encontra-se, em "Radiofonia", o conceito de mais--de-gozar no seu máximo desenvolvimento; onde Lacan transcreve o conceito de mais valia de Marx para o de mais-de-gozar, pode-se ler: "O *Mehrwert* é o *Marxlust,* o mais-de-gozar de Marx" (p. 434).

Obra de arte citada

"O prestigitador", de Hieronymus Bosch

"O prestigitador", de Hieronymus Bosch, óleo sobre madeira,
circa *1500*

Ao se referir à tela do pintor holandês, Lacan faz alusão àquilo que justamente não ocupa o discurso analítico. Pintada entre 1475 e 1505, a tela mostra um prestigitador fazendo seu número frente aos passantes. Tem, em sua mão direita, uma noz-moscada que ele fará aparecer e desaparecer por meio de copinhos de dedos. Ora, ele encarna o mundo, com seus enganos, dissimulações e artifícios. Seus passes de mágica desviam a atenção dos passantes daquilo que é importante. Assim, o burguês, hipnotizado pelo jogo, tem sua bolsa roubada por um cúmplice do mágico. Justamente, o ilusionista não diz o que ele faz e faz o que ele não diz, joga com as aparências, e triunfa ao capitalizar a atenção do público, distraindo-o do essencial.

A - O suporte é o corpo

Lacan (p. 217) diz que quem comanda é o que ele produziu nesse seminário sob o título de *Há-um* [*Yad'lun*] e o Um cria o Ser. Para isso, ele nos remete novamente a "Parmênides" para, no diálogo platônico, encontrar esse Um que cria o ser. Vale ressaltar que o Um não é o Ser, mas o constitui, como insiste Lacan no presente capítulo.

B - O gozo, ele existe

Lacan (p. 218) articula tal formulação com o discurso, já que o discurso como tal é sempre o discurso do semblante. Dessa forma, se há algo que se autorize pelo gozo, esse algo é simular (*faire semblant*), no que se apreende o mais-de-gozar.

Referências

Marx, Karl. *O capital* (1867). Coleção Os economistas. São Paulo: Nova Cultural, 1988.

Platon. *Parménides o de las Ideas*. In: *Obras completas*. Madrid: Aguilar Ediciones, 1966-1969.

"(...) se o Um é, é possível que seja e que não

participe do ser? Isso não é possível. Portanto, o ser será ser do Um, sem que por isso seja idêntico ao Um; pois senão o ser não seria ser do Um, nem o Um participaria do ser e seria a mesma coisa dizer que o um é e que o Um é o Um. (...) com o qual o que é tem outra significação que o Um. (...) são distintos no Um, seu ser e o que ele mesmo é. Pois como o Um não é ser senão um, como tal participa do ser" (pp. 968-969).

Referências na obra de Lacan

Radiofonia (1970). In: *Outros Escritos*. Rio de Janeiro: Jorge Zahar, 2003, pp. 400-447.

Do sujeito enfim em questão (1966). In: *Escritos*. Rio de Janeiro: Jorge Zahar, 1998, p. 234. (Marx e Hegel sobre a questão da verdade.)

De uma questão preliminar a todo tratamento possível das psicoses (1957). In: *Escritos*. Rio de Janeiro: Jorge Zahar, 1998, pp. 537-590.

Formulações sobre a causalidade psíquica (1946). In: *Escritos*. Rio de Janeiro: Jorge Zahar, 1998, p. 193. (Nesse artigo, Lacan destaca os que não podem ser substituídos: Sócrates, Platão, Marx e Freud.)

Aula de 11 de abril de 1956, sobre o caso do Presidente Schreber. In: *O Seminário, Livro 3, As psicoses*. Rio de Janeiro: Jorge Zahar Editor, 1985.

TEMA II - O DISCURSO COMO TAL É SEMPRE DISCURSO DO SEMBLANTE

Lacan pensa os discursos no que ele chamou de

"a ronda dos quatro discursos". Nessa última aula do seminário, vai do discurso do Mestre ao discurso do Analista, seu avesso, para dizer que o que nasce de uma análise nasce no nível do sujeito da fala, do *falasser*. E o produto de uma análise será o resultado do que o analista, enquanto objeto *a*, ocupando o lugar do semblante e, ao mesmo tempo, de agente no discurso analítico, vier a propor ao sujeito no decorrer da análise, como via de acesso aos seus modos de gozo — proposta que será acolhida pelo sujeito porque, como dizia Aristóteles, ele pensa com sua alma.

A - De que se trata na análise

Diferentemente do discurso do Mestre, onde você — como corpo — é petrificado, no discurso analítico o analista, como corpo, se encontra em posição de semblante do objeto *a*. Ao nos referirmos à Conferência de Lacan em Genebra — pronunciada três anos mais tarde, em 4 de outubro de 1975 —, encontramos justamente a seguinte formulação: "Na análise, então, a pessoa que fez esta demanda de análise, quando ela começa o trabalho, é ela que trabalha. Você não a deve considerar como alguém que você tenha que petrificar. O que você faz lá? Esta pergunta é tudo aquilo do por que eu me interrogo desde que comecei".

Referências na obra de Lacan

Conférence à Genève sur le symptôme (4 octobre 1975). In: *Le Bloc-notes de la Psychanalyse,* n° 5. Paris :

Georg Éditeur, janeiro de 1985.

B - A interpretação com fim

Em contraposição ao esquema ternário de Charles S. Pierce, Lacan coloca no lugar do representâmen pierciano o objeto *a*. Assim, o representâmen-objeto ("Onde estou no dizer?", em termos lacanianos) tem que ser sempre reinterpretado. Trata-se de uma operação lógica, da extração daquilo que é dito e não do dizer. Lacan retomará as formulações de Pierce nos anos posteriores, como em seus Seminários 21, 22 e 23. Neste último, ao evocar a relação ternária de Pierce, Lacan a substituirá por "Simbólico - Real - Imaginário".

Autor citado

Charles S. Pierce, referência aos quadrantes, com seus traços verticais e horizontais, para falar em Universal afirmativo e negativo Particular (O Seminário, Livro 15, "O ato analítico", de 1967-1968).

Referências

Aristóteles. A Lógica e as proposições modais. In: *Organon*. Tradução, prefácio e notas de Pinharanda Gomes. Lisboa: Guimarães Editores, 1985

Platão. O mito da caverna. In: *A República*, Livro VII.

Referências na obra de Lacan

O Seminário, Livro 23, O Sinthoma (1975-1976). Rio de Janeiro: Jorge Zahar Editor, 2007. (Sobretudo a aula de 16 de março de 1976, sobre a orientação do real e a forclusão do sentido.)

BIBLIÓ ESPECIAL

Jacques Lacan, Referencias del Seminario, libro 19 ...o peor (1971-1972)

Versión en español

Encuentro fortuito entre una máquina de coser y un
paraguas. Encuentro imposible entre la ballena
y el oso blanco.
Uno, creación de Lautréamont; el otro,
indicación de Freud.
Ambos memorables. ¿Por qué?
Sin duda, ellos conmueven algo en nosotros.
Lacan dice qué.
Se trata del hombre y de la mujer.

Jacques-Alain Miller
Seminario 19 ...o peor
Contraportada (Paidós, 2012)

PRESENTACIÓN

Este libro es una referencia especial para el lector de Lacan. Organizado por la Escola Brasileira de Psicanálise, el *Biblió Referencias Especial* es también una herramienta de trabajo imprescindible para la continuación de la elaboración colectiva que tiene como marco el Seminario Internacional de la Escola Brasileira de Psicanálise — *haiun* — Lecturas del *Seminario 19 ...o peor,* de Jacques Lacan, realizado en Buenos Aires en noviembre de 2013.

Como no podía dejar de ser, la investigación de las citas de Jacques Lacan a lo largo de su enseñanza es un camino obligatorio para la lectura de sus Seminarios y Escritos y, con la reciente publicación en portugués y en español del *Seminario 19,* representa un marco teórico que viene a iluminar el campo de la experiencia psicoanalítica abierto por Freud, cuyo alcance aún estamos averiguando.

Menos conocido que el aforisma "no existe relación sexual", el axioma "Haiun" desarrollado a lo largo de este Seminario supone un cambio de paradigma en la enseñanza de Lacan que desemboca en la elaboración del *sinthoma. Haiun* goce real sin Otro, sin ley ni sentido, no siempre deseable y que resta inexorable. El pasaje denso de Lacan en el Seminario 19 por diversos campos del saber — como la filosofía, la matemática, la lógica, la literatura, las artes —, compone un conjunto de referencias a ser explotado en este libro que, del portugués al español, mueve inúmeras resonancias de las lenguas, de la *lalengua*, sin por ello capturarse en un sentido unívoco.

Maria Josefina Fuentes e Glacy Gorski

Introducción

Biblió Referencias Especial es la versión impresa y bilingüe de la publicación "Bibliô Referências - *Seminário livro 19 ...ou pior*, de Jacques Lacan" , publicado en el "Boletim DR - Diretoria na Rede" de la EBP entre los meses de mayo y octubre de 2013. El Boletín original fue pensado como un conjunto formado por elementos de una obra escrita, donde se destacan título, autor, editora, lugar de la publicación y comentarios, que hagan posible al lector la identificación de la referida obra, y un auxilio para su lectura.

Es praxis denominar-se al conjunto de referencias bibliográficas, generalmente presentadas en el final de una obra, de "referencias bibliográficas", o apenas de "referencias".

En este sentido, desde ahora, la versión bilingüe de "Biblió Referencias Especial *Seminario libro 19 ...o peor*, de Jacques Lacan", tiene como propósito ofrecer a los lectores hispano-hablantes, como a los lectores de lengua portuguesa, herramientas de estudio, de reflexión y de pensamiento en el campo teórico del psicoanálisis de Orientación Lacaniana, contribuyendo de este modo para la "actualización de la práctica analítica, de su contexto, de sus condiciones, de sus coordenadas inéditas en el siglo XXI".

Mirta Zbrun

PRIMERA PARTE
DE UN Y OTRO SEXO

Capítulo 1
Solo hay forclusión del decir

Tema I - Lenguaje y Metalenguaje

La relación entre lenguaje y metalenguaje es uno de los temas centrales de la enseñanza de Lacan. El lo aborda desde el Seminario 1 hasta el 24, a veces afirmando que todo lenguaje implica la existencia de algún metalenguaje — pues todo lenguaje necesitaría traducirse —, a veces criticando la vertiente teórica, según la cual el lenguaje podría ser tomado como objeto-lenguaje. En el Seminario 18, "De un discurso que no fuese semblante", por ejemplo, Lacan aborda el tema al puntuar la diferencia que existe entre la escrita y el lenguaje. Este sería un punto de apoyo a su afirmación de que "no hay metalenguaje" — que es retomada, mismo que sutilmente, durante todo el Seminario 19 "...o peor". El uso y el desarrollo de esta proposición por Lacan es realizado a partir de los cuantificadores, y él lo utiliza al abordar la lógica — y, especialmente, en la función del no-todo.

A - 1ª posición: hay metalenguaje

En el Seminario 3, "Las psicosis", Lacan afirma que todo lenguaje puede establecer a nivel local y temporalmente en las más variadas metalenguajes. Hay que considerar que en este primer momento de su enseñanza, Lacan promueve el significante en lo simbólico. El Otro podría incluir en sí mismo un marcador de la creencia en el Otro del Otro — este sería el Otro de la ley. El Nombre-del-Padre, mientras que "Otro del Otro", como lo define en el Seminario 5, sostiene en el lenguaje la creencia en un metalenguaje que exprese lo real del lenguaje.

B - 2ª posición: no hay metalenguaje

En sus cursos "Del síntoma al fantasma y retorno" (1982-1983) y "Extimidad" (1985-1986) Jacques-Alain Miller recuerda que es sólo en un segundo momento que Lacan afirmará explícitamente que no hay Otro del Otro a través del matema S (Ⱥ). Es decir, S (Ⱥ), sostiene al contrario del Nombre-del-Padre, que no hay metalenguaje. El Nombre-del-Padre es devaluado en su función de Otro de la ley, como artificio que está incluido en el lenguaje, e tiene su alcance reducido.

En este sentido, no es posible utilizar el lenguaje como un objeto exterior al sujeto, por ejemplo, una interpretación fundamentada como proveniente del exterior, que enuncia el Otro. En este sentido, la interpretación analítica no es metalenguaje del deseo. Su yuxtaposición es una posición de extimidad a la declaración del analisante, pero esto no implica que ella esté fuera del lenguaje.[1]

> 1. Cf. el texto de Éric Laurent sobre la interpretación en la orientación lacaniana y su principio que es lo de "no hay metalenguaje". Laurent, É. La interpretación ordinaria. In: *Mediodicho – Revista Anual de Psicoanálisis de la Escuela de Orientación Lacaniana - Sección Córdoba, n° 35 – Año 13. Córdoba: EOL, agosto 2009.

Afirmar que "no hay metalenguaje" es decir de otra manera decir que no hay sentido del sentido, el *Meaning of Meaning*, una referencia a la obra lógico-positivista de Ogden y Richards, a la que Lacan se refiere en diversos momentos, en algunos textos de sus Escritos, como, por ejemplo, en el capítulo IV "La escritura y la verdad", del Seminario 18.

Con esta enunciación "no hay metalenguaje", el psicoanálisis de orientación lacaniana viene a responder, y hacer eco, a los autores que intuían de alguna manera, lo real — "no hay metafísica" de Martin Heidegger y su "no hay más-allá", o incluso "no hay metáfora" de Paul Celan, que declaró que "escribir, después de Auschwitz, ya no es más posible".

Autores citados

Jacques Brunschwig, acerca de la filiación aristotélica del no-todo: La proposition particulière et les preuves de non-concluance chez Aristote. In: *Cahiers pour l'analyse* n° 10. Paris: Editions du Seuil, 1969, pp. 3-26.

C. K. Ogden & I. A. Richards. *The meaning of meaning, a study of the influence of language upon thought and of the science of symbolism*. London: K. Paul, Trench, Trubner and Co., 1923.

TEMA II - EL PRECIOSISMO Y LA SEXUALIDAD DE LAS MUJERES

A - El Preciosismo

Fue un movimiento cultural, sobre todo una corriente literaria francesa del siglo XVII y que tenía por objetivo la idea de distinguirse por la pureza del lenguaje, por la elegancia de los trajes de las mujeres, así como por las costumbres y la idealización del amor. Básicamente constituido por las conversaciones de las "*précieuses*", educadas mujeres que frecuentaban principalmente los salones de la Marquesa de Rambouillet. Allí se hablaba de amor entre las mujeres, se rechazaba el *a priori* de la superioridad masculina. Sin embargo, este movimiento sufrió constantes críticas de los hombres, cf., por ejemplo, en la comedia de Molière "Las preciosas ridículas" (1659).

Acerca de las Preciosas en Lacan

Lacan evoca el Preciosismo en varios momentos de su Seminario. Por ejemplo, en la clase del 1° de febrero 1955 (Capítulo IX "Juego de escrituras", del *Seminario 2, El yo en la teoría de Freud y en la técnica psicoa-*

*Moreau le Jeune (1741-1814), "Les Précieuses
Ridicules", Scène IX*

nalítica). En este Seminario, al abordar la construcción
de una locución, Lacan critica la ilusión según la cual
la locución sería meramente modelada a partir de una
aprehensión simple de lo real. Todo lo contrario, y es
lo que demuestra el movimiento de las "Preciosas", el
hecho de que las locuciones se hayan convertido en uso
común en la lengua supone una larga elaboración en la
que las implicaciones y las posibilidades de reducción

de lo real, se toman de la operación que se lleva a cabo mediante el uso de ciertos significantes.

Por otra parte, Lacan considera en el movimiento de las Preciosas el lado de Eros de la homosexualidad femenina. Ellas estarían interesadas necesariamente por el amor, hasta el punto de inventar una teoría sobre el amor, prolongando así la tradición del amor cortés, cuyo esfuerzo era hacer de la mujer un objeto, no de goce, pero de amor.

Autor citado

Antoine Baudeau de Somaize, escritor francés que nació en 1630 y murió alrededor de 1680. Criticó el Preciosismo y publicó el *Grand Dictionnaire des Prétieuses ou la Clef de la langue des ruelles* en 1660, así como el *Grand Dictionnaire des précieuses, historique, poétique, géographique, cosmographique, chronologique et armoirique* en 1661 — obras en las que él creó una lista de perífrasis dedicada a elucidar el uso de términos creados por el movimiento de las Preciosas, como "el consejero de agradecimientos (el espejo)", "las comodidades de la conversación (la silla)", "sufren los reveses de placeres legítimos (dando a luz a un bebé)", o incluso "las caras del alma (el discurso)".

Referencias

Bray, René. *La préciosité et les précieux, de Thibaut de Champagne à Jean Giraudoux.* Paris: Albin Michel, 1948.

Freud, Sigmund. Algunas consecuencias psíqui-cas de la diferencia anatómica entre los sexos (1925). In: *Edição standard brasileira das obras psicológicas completas* (1925-1931). Trad. de Jayme Salomão. Rio de Janeiro: Imago, 1972, V. XIX.

Howard, Patrícia. Quinault, Lully, and the Pre-cieuses: Images of Women in Seventeenth-Century France. In: Susan C. Cook e Judy S. Tsou (editors). *Cecilia Reclaimed: Feminist Perspectives on Gender and Music.* Urbana: University of Illinois Press, 1994, pp. 70-89.

Maître, Myriam. *Les Précieuses: naissance des femmes de lettres en France au XVIIe siècle.* Paris: Champion, 1999.

Somaize, A. *Grand Dictionnaire des Précieuses, historique, poétique, géographique, cosmographique, chronologique et armoirique* (1661). Paris: France-Expansion, 1973.

Referencias en la obra de Lacan

Directrices para un congresso sobre la sexualidad femenina (1958). In: *Escritos.* Rio de Janeiro: Jorge Zahar, 1998.

B - Las tetitas de Tiresias

Las tetitas de Tiresias es un drama surrealista es-crito por Guillaume Apollinaire en 1917. Apollinaire se inspiró en el mito del adivino ciego de Tebas, Tiresias, para crear un drama en el que los temas modernos, como el feminismo y el antimilitarismo se habían entrelazados. El personaje central es Tiresias, que cambia de sexo para ganar poder entre los hombres. Su objetivo es cambiar los hábitos, rechazando el pasado para establecer la igualdad entre los géneros.

Autor citado

Caligrama de Apollinaire

Guillaume Apollinaire (1880-1918), poeta y escritor francés (1880-1918) es considerado uno de los poetas franceses más importantes de principios del siglo XX, autor de poemas como "Zone" ou "La Chanson du Mal-Aimé". Durante un tiempo practicó, e inventó el término "caligrama" (poemas escritos en forma de dibujos y no escritos en su forma clásica en verso y estrofa). También fue un precursor importante del Surrealismo.

Capítulo 2
El significante vuelve como letra

Tema I - La cuestión de la escrita

Éric Laurent, en su conferencia titulada "La carta robada y el vuelo sobre la letra" pronunciada en el curso de Jacques-Alain Miller "La experiencia de lo real en la cura psicoanalítica" (1998-1999), y publicada en "Los paradigmas de goce", en *La Causa Freudiana* n° 43 (octubre de 1999), así como en *Correio* la revista de la EBP, n° 65, nos aclara acerca de la cuestión de la escritura y las divergencias entre Jacques Lacan y Jacques Derrida. Sobre esta cuestión, también podemos citar el *Seminario 18, De un discurso que no fuese semblante* (1971) de Jacques Lacan, en el capítulo V "La palabra y la escrita", título dado por Jacques-Alain Miller, y aún citar, "Nota paso a paso" en el epílogo al Seminario 23.

A - La letra

Autores citados

Jacques Derrida (1930-2004), filósofo francés, se distanció de Lacan al criticar la noción de letra, como expuesto en "La instancia de la letra en el inconsciente" de Jacques Lacan. La conferencia de Derrida acerca de Freud (1966) en el Instituto de Psicoanálisis, publicado como, "Freud y la escena de la escritura", señalan paralelamente una escansión, como decía Éric Laurent en su conferencia titulada "La carta robada y el vuelo sobre la letra." Sabemos, sin embargo, que Lacan responde a Derrida en "Le étourdit" (1974), *Otros Escritos*, así como "Lituraterra".

Norman J. Kretzmann (1928-1988), filósofo y profesor de filosofía especializado en la historia de la filosofía medieval y filosofía de la religión en la Universidad de Cornell, situada en Ithaca, Nueva York, Estados Unidos. Principal editor de "The Cambridge History of Later Medieval Philosophy (1982). Kretzmann se refiere al campo de la lingüística y el lenguaje para explicar sus formulaciones.

Anthony Kenny, filósofo inglés, nacido en 1931 y miembro de la Sociedad Filosófica Americana desde el 1993. Se dedicó particularmente al estudio del pensamiento de Tomás de Aquino y a presentar los argumentos en contra de este. Coeditor de *The Cambridge History of Later Medieval Philosophy* (1982), se interesó, como Kretzmann, por el campo de la lingüística y de la investigación sobre el lenguaje en las obras de los filósofos analíticos como Frege, Russell, George Edward Moore y

Ludwig Wittgenstein.

Jan Pinborg (1937-1982), historiador de la lingüística medieval y de la filosofía del lenguaje y coeditor de *The Cambridge History of Later Medieval Philosophy* (1982).

B - El sujeto

Autor citado

Alain de Libera (1948), historiador y experto en filosofía medieval, es profesor de filosofía en la *École Pratique des Hautes Etudes*. Defensor de un estudio pluralista de la razón, incluyendo las normas y requisitos, publicó numerosos libros sobre esta cuestión, más allá de la *Arqueología del sujeto I, Nacimiento del sujeto* (2007) y *Arqueología del sujeto II, Nacimiento del sujeto* (2008) sobre la noción prehistórica del sujeto en la filosofía. En este contexto, procuró mostrar la arqueología del sujeto durante el período pre-cartesiano.

Michael Ströck, Estructura del ADN/ Francis Crick y James Watson e su modelo de ADN

Capítulo 3

El real se afirma en los impasses de la lógica

Tema I - La Biología en el Psicoanálisis

Según J.- A. Miller en "Elementos de Biología Lacaniana", EBP-MG, 1999, hay dos biologías en psicoanálisis: la de Lacan, que relaciona a Heidegger y a la diferencia entre el goce, el cuerpo vivo y el significante; y la de Freud, que opone soma y germen, tiendo esta última sufrido el impacto de la obra de Weismann, como lo dice Freud en su obra sobre Schreber.

A - La biología Lacaniana

Autores citados

Francis Crick e **James Watson**, que revelaran el 28 de febrero 1953 la estructura del ADN, la estructura de la molécula más importante de la vida. En reconocimiento a sus labores en la molécula de ADN, Watson,

Crick y Wilkins recibieron el Premio Nobel.

François Jacob (1920-2013), biólogo francés, recibió el Premio Nobel de Fisiología y Medicina en 1965 por importantes estudios sobre la regulación genética de las bacterias. Es el autor de *La lógica de la vida*.

Jacques Lucien Monod (1910-1976), biólogo francés también agasajado con el Premio Nobel de Fisiología y Medicina 1965 por el descubrimiento de las actividades de la regulación dentro de las células.

André Michel Lwoff (1902-1994), microbiólogo francés Premio Nobel de Fisiología y Medicina 1965 por buscar mecanismos químicos de la transmisión de la información genética.

B - Biología freudiana

Autores citados

Friedrich Leopold August Weismann (1834-1914), biólogo alemán, descubrió la barrera de Weismann — esta barrera impide que, aunque que no completamente, que las células somáticas pasen información a las células germinales, de manera fundamental, en términos conceptuales, para reforzar la teoría de la selección natural de Charles Darwin. Autor del *Ensayo sobre la herencia y la selección natural*.

Sigmund Freud, obras abordadas: *Más allá del principio del placer*, capítulo 6, sobre la genética en A. Weismann; y "El Caso Schreber", interpretación de *Memorias de un enfermo nervioso*, de Daniel Paul Schreber (quien fue presidente de la Corte de Apelación), sobre "yo te quiero".

TEMA II - LA LÓGICA DE LA SEXUALIZACIÓN

El tema de la diferencia sexual es recurrente en la enseñanza de Lacan desde el Seminario 2, "El yo en la teoría de Freud y en la técnica psicoanalítica". En este seminario el tema alcanza su versión más cerca de la lógica, la de las fórmulas de la sexualización, propuestas en el año anterior y aún en gestación en el Seminario 19, "...o peor".

Autores citados

Platón. Parménides o de las Ideas. In: *Obras Completas*. Madrid: Aguilar, 1972, pp. 946-990.

Kurt Friedrich Gödel (1906-1978), matemático austriaco nacionalizado estadounidense. Los trabajos más conocidos de K. F. Gödel son sus teoremas de la incompletud, a veces también llamados de teoremas de indecidibilidad.

Ax. 1. $\{P(\varphi) \wedge \square \, \forall x[\varphi(x) \to \psi(x)]\} \to P(\psi)$

Ax. 2. $P(\neg\varphi) \leftrightarrow \neg P(\varphi)$

Th. 1. $P(\varphi) \to \Diamond \, \exists x[\varphi(x)]$

Df. 1. $G(x) \iff \forall\varphi[P(\varphi) \to \varphi(x)]$

Ax. 3. $P(G)$

Th. 2. $\Diamond \, \exists x \, G(x)$

Df. 2. $\varphi \text{ ess } x \iff \varphi(x) \wedge \forall\psi \, \{\psi(x) \to \square \, \forall x[\varphi(x) \to \psi(x)]\}$

Ax. 4. $P(\varphi) \to \square \, P(\varphi)$

Th. 3. $G(x) \to G \text{ ess } x$

Df. 3. $E(x) \iff \forall\varphi[\varphi \text{ ess } x \to \square \, \exists x \, \varphi(x)]$

Ax. 5. $P(E)$

Th. 4. $\square \, \exists x \, G(x)$

Prueba de Gödel

Teorema 1: "Cualquier teoría axiomática recursivamente enumerable y capaz de expresar algunas verdades básicas de la aritmética no puede ser al mismo tiempo, completa y consistente. Es decir, siempre hay en una teoría consistente proposiciones verdaderas no pueden ser demostradas o negadas".

Este teorema garantiza la existencia de proposiciones llamadas indecidibles, es decir, que no puede ser probada como verdadera o falsa en dado sistema axiomático.

Teorema 2: "Una teoría recursivamente enumerable y capaz de expresar verdades básicas de la aritmética y algunos enunciados de la teoría de la prueba, puede probar su propia consistencia si y sólo si es inconsistente."

Este teorema impone una restricción, en cualquier sistema axiomático: no es posible ser consistente e probar su consistencia, lo que no impide que esta consistencia sea probada por otro sistema.

Referencias en la obra de Lacan

Discurso de Roma. In: *Escritos*. Rio de Janeiro: Jorge Zahar Editor, 1995.

Capítulos 3, 4, 5, 6 y 7, que se ocupan de la relación entre la función del yo y el principio del placer, lectura lacaniana de *Más allá del Principio del Placer* (1920) — Freud, S. Jenseits des Lustprinzips. *Gesammelte Werke, XIII*. Frankfurt: Fischer, 1999. In: *Seminario 2, El Yo En La Teoria de Freud* (1954-55). Buenos Aires: Paidós, 1998.

Lección del 13 de marzo de 1973. In: *Seminario 20, Aun.* Buenos Aires: Paidós, 1991.

Capítulo 4
La necesidad *Ananké* solo empieza en el ser hablante

Tema I - El Arte de la Producción de la Necesidad de Discurso

A - El Cero y el número 1

Autores citados

Friedrich L. G. Frege (1848-1925), matemático, lógico y filósofo alemán. Publicó en 1884 la obra *Die Grundlagen der Arithmetik* [*Fundamentos de la Aritmética*] en la que interroga lógicamente el estatuto del número.

Leopold Kronecker (1823-1891), matemático alemán, cuya frase "Dios hizo los números, todo lo demás es obra del hombre", sirve a Lacan para rescatar el trabajo de Frege al oponerse al descubrimiento de la Aritmética como obra que tiene la intención de explicar los números enteros.

B - La inexistencia, el síntoma y la verdad

La inexistencia no es la nada, y se define por escribirse, como dice Lacan, "la inexistencia no es lo nada, el cero crea la inexistencia". Este número 0 es parte de los números enteros, porque no hay teoría de los números enteros si no se comprende lo que viene a ser lo 0.

Autores citados

Karl Marx. Cuando cita este autor (p. 49), Lacan se refiere al problema de la "lectura sintomal" tratado por Louis Althusser en su estudio clásico, el prefacio "Du 'Capital' à La philosophie de Marx". In: *Lire Le Capital*. Tome I. Paris: François Maspero, 1967. Su crítica de la teoría del valor de Adam Smith es retomada en la concepción althusseriana de la lectura sintomal.
Gottfried W. Leibniz (1646-1716), Leipzig.

Referencias en la obra de Lacan

El lector se beneficiará especialmente de la lectura del capítulo 9 — "Un hombre, una mujer y el psicoanálisis" — donde Lacan evoca el *significado* frente a lo real, en oposición al *sentido*. Afirma aún que hablar de "significación del falo "es un pleonasmo, porque no hay ninguna otra significación en el lenguaje, que la del falo". In: *Seminario 18, De un discurso que no fuera del semblante.* Buenos Aires: Paidós, 2009.

El atolondradicho. In: *Outros Escritos*. Rio de Janeiro: Jorge Zahar Editor, 2003, pp. 491-492. (En este artigo Lacan dice que la dialéctica del ser/ tener el falo es la función que hace suplencia a la falta de relación sexual.)

La significación del falo (1959). [*Die Bedeutung des Phallus*]. In: *Escritos.* Rio de Janeiro: Jorge Zahar Editor, 1999. (La significación [*Bedeutung*] es opuesta al sentido [*Sinn*], que, para Frege, se refiere al sentido de una proposición, o sea, lo que el hablar denota, es decir, la significación como denotación.)

SEGUNDA PARTE
EL OTRO: DE LA PALABRA A LA SEXUALIDAD

Capítulo 5
Topologia de la Palabra

Tema I - De la Via de la Lógica de los Cuatro Discursos a los Sentidos de la Escritura

Es en el Seminario 17, "El reverso del psicoanálisis" (1969-70), que Lacan desarrolla lo que vendrían a ser los cuatro discursos: el del amo, el del universitario, el de la histérica y el del analista. Paralelamente, podemos pensar donde reposa la topología del discurso — bajo la función de los cuatro términos de la *reson* de ser (S, S1, S2, a), en relación a aquello a lo que se le podría atribuir sentido, o sea, los cuatro lugares del matema del discurso que Lacan presenta en cuatro términos: verdad, semblante, goce y plus-de-gozar.

Podemos pensar, como nos sugirió François Regnault con los cuatro sentidos de las Escrituras en *Dios es inconsciente* (Navarin, 1986), acerca de los cuatro puntos cardinales de la topología del discurso, o sea, los cuatro niveles de lectura de los textos sagrados que proponen tanto el judaísmo como el cristianismo. Eso respondería, en cierto modo, a la pregunta "¿de dónde vendría el sentido?" En la tradición católica, por ejemplo, los cuatro sentidos se dividen entre lo que es literal (el sentido literario o histórico), lo que es espiritual y lo que se interpreta y se reparte en tres: alegórico (sentido espiritual que se refiere a la iglesia), tropológico (sentido espiritual en referencia al alma) y anagógico (lleva a pensar en los cielos, en las cosas divinas).

Según Jacques-Alain Miller, fue a través de la interpretación de la Escritura que se formó la distinción del significante y del significado. Desde la Edad Media, la interpretación de la Escritura fue enseñada a partir del cuarteto, de la distinción de los cuatro sentidos, consagrados desde el siglo VII.

Esta tradición remonta a los estoicos, cuando ya se hacía uso del doble sentido — el literal y el espiritual. San Jerónimo, padre y apologista cristiano ilirio y traductor de la Biblia, del griego y del hebraico para el latín, repartía el sentido entre la letra y la significación. Ferdinand de Saussure, inclusive, se sirvió, inicialmente, de esta tradición, renovándola, tanto a partir de San Jerónimo como de San Agustín, que sintetizan la exegesis medieval a través de una renovación de San Pablo — "la letra mata, mientras que el espíritu eleva" (i. e., la letra muerta de las sinagogas hebraicas y que no reconocen la encarnación del espíritu cuando este se manifiesta).

A modo de ejemplo, podemos decir que la interpretación analítica es una interpretación literal, al paso que la interpretación de la Psicología analítica de Carl Jung se aproxima de los métodos de la exegesis medieval, a partir, por ejemplo, de los rasgos presentes en la interpretación arquetípica.

Miller recuerda que, aunque Lacan no haya buscado sus referencias a respecto de la interpretación en la exegesis cristiana, él creció dentro de ese medio y siempre estimó a los jesuitas que pertenecían a su Escuela y que eran de la época del cardenal Henri de Lubac — uno de los grandes nombres de la teología jesuita francesa, que realizó importantes estudios sobre la exegesis medieval. En relación al psicoanálisis, Lacan encuentra sus referencias en la tradición de Freud y en su relación particular a la letra — cuando fundó su interpretación del psicoanálisis a partir de la lectura que hizo de la obra de Freud — llevando en consideración las bases del estructuralismo establecido, por ejemplo, por Lévi-Strauss y sus estudios sobre la combinatoria de los mitemas que en sí mismos son una interpretación, dentro del campo de la antropología. Agregamos también la relectura realizada por Lacan de las contribuciones de la lingüística estructural de R. Jakobson e F. de Saussure.

A partir de esa lectura de referencias cruzadas podemos afirmar, con Miller, que el significante de la palabra en el Otro S (Ⱥ), puede ser leído como el significante de la alegoría barrada.

Autores citados

Henri Sonier de Lubac, jesuita, teólogo católico y cardenal francés.

Roman Jakobson, pensador ruso, se tornó uno de los lingüistas más influyentes del siglo XX y es considerado uno de los primeros teóricos del análisis estructural del lenguaje, de la poesía y del arte. Sus proposiciones a respecto de los dos ejes del lenguaje — eje sintagmático y eje paradigmático —, influenciaron profundamente el estudio de las afasias, así como el estudio de las figuras de la retórica, principalmente a respecto de la polaridad de la metáfora y la metonimia, de donde Lacan las extrajo. Él también considera las contribuciones de la retórica, que los reconoce como mecanismos pertenecientes a la mecánica del lenguaje, a través de la lectura realizada por Lévi-Strauss con su antropología estructural, que distingue las relaciones de parentesco y las relaciones de sucesión, tal como Jakobson ordenó los fonemas.

Referencias

Jakobson, Roman. *Essais de linguistique générale* (1 et 2). Paris: Éditions de Minuit, 1963.

Jung, Carl. *Métamorphoses de l'âme et ses symboles* (1912). Collection Références, 1950. Paris: LGF, 1996.

Lévi-Strauss, C. *Antropologia estructural.* São Paulo: Cosac Naify, 2008.

Lubac, Henri de. *Exégèse médiévale, les quatre sens de l'écriture.* Paris: Éditions Montaigne, 1959-1964.

Miller, J.-A. Clase de 27 de marzo de 1985 del curso "1, 2, 3, 4" en relación a la articulación del significante de la falta en el Otro S (Å) y con la interpretación analítica.

A - La discusión en torno del origen del lenguaje

Autor citado

Jean-Jacques Rousseau, escritor francófono, filósofo y músico suizo. Entra en la historia de las ideas, sobre todo con sus cortos ensayos *Discurso sobre las ciencias y las artes* (1750) y *Discurso sobre el origen y los fundamentos de la desigualdad entre los hombres* (1755), además del *Contrato social* (1762). Defendió la oposición del estado de naturaleza, que traería la felicidad de la humanidad, al estado social, fuente de insatisfacciones generalizadas. Es uno de los mayores filósofos del Iluminismo y una influencia intelectual reconocida en relación a la Revolución Francesa.

Referencias

Rousseau, Jean-Jacques. *Ensayo sobre el Origen de las Lenguas* (1781). Traducción de Fulvia M. L. Moretto. Campinas: Editora da UNICAMP, 1998.

B - Palabra, decir y acto

Una de las múltiples referencias implícitas en la enseñanza de Lacan está relacionada con la teoría de los actos de lenguaje, considerados como actos performativos.

Uno de los puntos fuertes de ese "encuentro" se da, justamente, cuando Lacan desarrolla, en 1967-68, la temática del acto del analista, el pasaje del analisante a la posición de analista, durante su Seminario "El acto analítico". El acto analítico, tal como Lacan lo desarrolla, se subordina al discurso analítico y se encuentra en una perspectiva crítica de los actos de lenguaje de John Austin.

Se puede pensar el estatuto del decir como si estuviera en el centro del acto analítico y en relación a la idea de que es el analisante el que interpreta. El analisante sostiene su discurso a partir de la garantía del sujeto supuesto saber — enganchado a su efecto de verdad. Ese pasaje del analisante al analista seria justamente el lugar de un decir que se sostendría sin garantías del Otro. El de ahora en adelante analista se encontraría en el punto donde se sostendría de un *decir en cuanto tal*. O sea, de un decir performativo y que inscribe el acto analítico como un modo performativo — un acto de puro significante, en que algo se realiza, toca el goce y lo modifica.

En el capítulo V del Seminario 19 vemos, una vez más, como Lacan se utiliza de la concatenación de Austin cuando afirma que "una palabra que funda el hecho es un decir", luego, es un acto de lenguaje.

En su texto "El atolondradicho", Lacan resume, en una única frase, la relación entre el decir, hacer y el lugar de la enunciación, "que se diga, queda olvidado en lo que se dice, detrás de lo que se escucha".

Autor citado

John Langshaw Austin, filósofo inglés nascido en el inicio del siglo XX, uno de los mayores exponentes de la filosofía analítica. Uno de los principales temas que trabajó está relacionado al sentido en filosofía. Como uno de los mayores representantes de la filosofía del lenguaje ordinario (corriente de pensamiento inspirada sobre todo, en el trabajo de Ludwig Wittgenstein), su teoría de los actos de lenguaje fue un grande marco en su elaboración teórica. Posteriormente, ella fue retomada, especialmente por John Searle.

Referencias

Austin, John L. *Cuando decir es hacer*. Porto Alegre: Artes Médicas, 1990.

Laurent, Éric. Intervención en el curso de J.-A. Miller "Cosas de finura en psicoanálisis", clase de 25 de marzo de 2009.

Referencias en la obra de Lacan

El atolondradicho. In: *Outros Escritos*. Rio de Janeiro: Jorge Zahar Editor, 2003, pp. 448-497.

C - Función de la palabra, estructura del lenguaje

Lacan, en el capítulo XV del Seminario 9, "La presencia del analista", habla de la nueva alianza entre la función de la palabra y la estructura del lenguaje, que trata del goce como imposible de tornar negativo: el falo como significante del goce, que se encuentra más allá de la castración, o sea, la función de la palabra se encuentra ligada a la estructura del lenguaje, pero también a la substancia del goce. Ese tema de la presencia del analista, ciertamente, fue evocado por Lacan como una crítica al por entonces reciente libro de Sacha Nacht, *La présence du psychanalyste*.

Autor citado

Sacha Nacht, psicoanalista francés y antiguo presidente de la Société Psychanalytique de Paris (SPP) en 1949. Otrora amigo muy próximo de Lacan, Nacht fue uno de los principales personajes combatido por Lacan al considerarlo parte de "los desvíos da su práctica y de su formación".

Referencias

Miller, Jacques-Alain. "Cosas de finura en psicoanálisis", clase de 6 de mayo de 2009.

Nacht, Sacha. *La présence du psychanalyste*. Paris, PUF, 1963.

Referencias en la obra de Lacan

Sobre la cuestión del *garabato analítico* en que se pueden leer todos los sentidos que se quiera hasta el más arcaico, puede leerse el capítulo XIX, "De la interpretación a la transferencia", donde Lacan afirma que la interpretación no está abierta a todos los sentidos. La interpretación es una vía que hace surgir un significante irreductible y al que el sujeto está sujetado. In: *Seminario 11, Cuatro Conceptos Fundamentales Del Psicoanálisis*. Buenos Aires: Paidós, 1998.

D - Función fálica, referencia, denotación y existencia

Lacan desarrolla, en ese capítulo, reflexiones sobre la función fálica, o sea, aclara el hecho de que el falo denota el poder de significación (o hombre o mujer), y esto tiene directa relación con su texto de 1958 "La significación del falo". Recordemos, aquí, que el término *"Bedeutung"*, que se encuentra en el título de la "Significación del falo", es una alusión al término "referencia" en Frege — y desarrollado bajo los auspicios de la "denotación" en Russell.

Autores citados

Friedrich Ludwig Gottlob Frege, uno de los creadores de la filosofía analítica. Los principales puntos de la teoría de su teoría son: la formalización sistemática; el análisis de frases complejas; el análisis de cuantificadores; la teoría de la demonstración y de la definición, así como el análisis de los números. Principales textos: "Que es una función?" (lo que denota una función: la noción de expresión de cálculo y la noción de variable); "Función y concepto" (un concepto es una función cuyo valor es un valor de verdad); y "Sentido y Referencia" (*Über Sinn und Bedeutung*) — este último considerado como uno de los textos fundadores de la filosofía analítica.

La *Bedeutung* se traduce, entonces, por referencia — lo que se denota y a lo que se apunta en relación a una existencia y que se encuentra en relación a lo real. Ya el *Sinn* es efecto de sentido, la significación, lo que es de la esencia, lo que otorga atributos a alguna cosa.

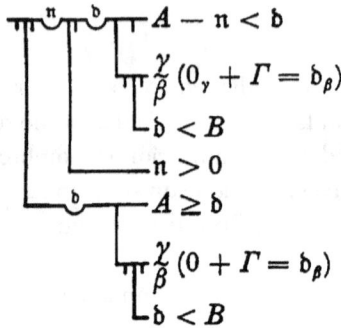

$$A - \mathfrak{n} < \mathfrak{b}$$
$$\Gamma \begin{smallmatrix} \gamma \\ \beta \end{smallmatrix} (0_\gamma + \Gamma = \mathfrak{b}_\beta)$$
$$\mathfrak{b} < B$$
$$\mathfrak{n} > 0$$
$$A \geq \mathfrak{b}$$
$$\Gamma \begin{smallmatrix} \gamma \\ \beta \end{smallmatrix} (0 + \Gamma = \mathfrak{b}_\beta)$$
$$\mathfrak{b} < B$$

Lógica y lenguaje en G. Frege

Bertrand Russell, matemático, lógico y filósofo, es considerado uno de los más importantes filósofos del siglo XX. Juntamente con Frege, Russell es uno de los fundadores de la lógica contemporánea. Su texto "De la denotación" es considerado como uno de los artículos más influyentes de todo el siglo XX, donde intenta, de acuerdo con J.-A. Miller — por ejemplo, en *"El ser y el Uno"* —, extraer, de todo el enunciado, el acto referencial.

Referencias

Frege, Friedrich Gottlob. Sobre el sentido y la referencia (1892). In: Alcoforado, P. *Lógica e filosofia da linguagem*. São Paulo: Cultrix, 1978.

Laurent, Éric. Trois énigmes: le sens, la signification, la jouissance. In: *La Cause freudienne* n° 23. Paris: L'Ecole de la Cause freudienne, 02/1993, pp. 43-50.

Russell, Bertrand. De la denotación (1905) In: *Os pensadores. Ensaios escolhidos.* São Paulo: Abril Cultural, 1978, pp. 03-14.

Referencias en la obra de Lacan

Capítulo IX, "Un hombre y una mujer y el psicoanálisis". In: *Seminario 18, De un discurso que no fuera del semblante.* Buenos Aires: Paidós, 2009. (Cf. también el curso de Jacques-Alain Miller "L'Un-tout-seul", sobre todo la clase de 16 de marzo de 2011, en la cual Miller dice que lo que está como referencia en Frege, denotación en Russel, para los analistas está la existencia.)

TEMA II - ESCRITURA Y SEXUALIDAD

Según el Dr. Severino Cabral, profesor-investigador del Instituto Brasilero de Estudios de China Asia-Pacífico (IBECAP), Robert Van Gulik fue un diplomático holandés, conocido como gran erudito en cuestiones sinológicas y se tornó celebre como autor de las *Enquêtes du juge Ti,* cuando era embajador en Japón en 1949.

En ese período, descubrió, en un anticuario en Tokio, los clichés originales de un álbum de dibujos representativos del arte erótica de la época Ming, y los publicó en 1951, en una edición especial, limitada a los especialistas, acompañada de un prefacio de su autoría con el título "Estampes érotiques en couleurs de la période Ming, avec un essai sur la vie sexuelle des Chinois de la dynastie Han à la dynastie Tsing, 206 av. J.-C.-1644", en 3 volúmenes.

El interés despertado por la obra y las cuestiones que suscitó entre los orientalistas, principalmente Joseph Needham, llevaran Van Gulik a extender su estudio de la cultura erótica al conjunto de la historia china, pintando un amplio cuadro sociológico y antropológico. El libro resultante de ese estudio fue publicado en inglés, en el año 1961, con el título *Sexual Life in Ancient China: A Preliminary Survey of Chinese Sex and Society from ca. 1500 B.C. till 1644 A.D* (Leiden, Pays-Bas, E.J. Brill). Posteriormente, fue traducido para el francés y publicado por la editora Gallimard en la "Bibliothèque des Histoires", en 1971 y, en 1977, en la colección Tel, con el título *La vie sexuelle dans la Chine ancienne*.

Su estudio teje consideraciones sobre la cultura erótica china y la influencia del confucionismo, taoísmo y budismo, ampliamente tratadas en las diversas épocas de la historia china. Fascinado por las costumbres sexuales de los pueblos que estudia, Van Gulik retraza el histórico de la literatura erótica china desde los primordios así como su evolución a lo largo de la historia. La literatura erótica comienza con los manuales de educación sexual, sigue con los libros de connotación médica para, finalmente, durante la era Ming, desembocar en el desarrollo de la literatura y de las estampas eróticas y pornográficas.

Una de las diferencias fundamentales entre la concepción occidental de la sexualidad y la antigua concepción china es la de que esta última considera el acto sexual oriundo de una mística unión entre el cielo y la tierra, dualidades cósmicas, armonía universal por la fusión de los contrarios, de los elementos masculinos y femeninos (como presente en el *Libro de las Mutaciones* [*Yi-King*] y su concepción de la interacción del yin y del yang, teniendo como resultante el Tao — La Vía o el Orden supremo) etc.

Referencias

Van Gulik, Robert Hans. *La Vie sexuelle dans la Chine ancienne.* Trad. Louis Évrard. Bibliothèque des histoires n° 3, rééd. Coll. "Tel". Paris: Gallimard, 1971.

Referencias en la obra de Lacan

Seminario 18, De un discurso que no fuera del semblante. Buenos Aires: Paidós, 2009. Sobre todo los capítulos III, IV y V en los cuales aborda cuestiones relativas a la escritura, palabra y verdad.

A - André Gide: sexualidade y perversión

Referencias

Hellebois, Philippe. *Lacan lecteur de Gide.* Paris: Editions Michèle, 2011, p. 155.

Miller, Jacques-Alain. Curso "Orientación lacaniana, 'Acerca del Gide de Lacan': Hacia un nuevo significante"; Orientación lacaniana: Acerca del Gide de Lacan; Derechos humanos (Collectif). In: *Opção Lacaniana/ Revista Brasileira Internacional de Psicanálise* n° 22. São Paulo: Eólia, 08/1998, p.106.

_____. Algunas reflexiones sobre el Ego; Orientación lacaniana: acerca del Gide de Lacan; El malestar en la Cultura (Collectif). In: *Opção Lacaniana/ Revista Brasileira Internacional de Psicanálise* n° 24. São Paulo: Eólia, 06/1999, p. 77.

_____. Acerca del Gide de Lacan: fragmento de un seminario de lectura. In: *Malentendido/ Revista en el Campo Freudiano* n°7. Buenos Aires: Malentendido, 06/1990, p. 89.

Referencias en la obra de Lacan

La juventud de Gide. In: *Escritos*. Rio de Janeiro: Jorge Zahar, 2000.

B -Objeto y causalidad

Sobre el objeto *a* como causa del deseo, el lector podrá leer la teoría aristotélica de la causalidad. Más allá de lo que precedería el efecto, la causa, según Aristóteles, es una noción metafísica compleja que se distingue en cuatro tipos: causa material; causa formal; causa motora o eficiente; y causa final. Lacan designa, a cada término, el campo del psicoanálisis, de la ciencia, de la magia y de la religión respectivamente.

Rene Descartes, en su tercera Meditación, desarrolla el principio de causalidad y la prevalencia de la causa eficiente, inscribiendo una discontinuidad entre la causa y el efecto. Esto servirá a Lacan para oponer la causa y la ley.

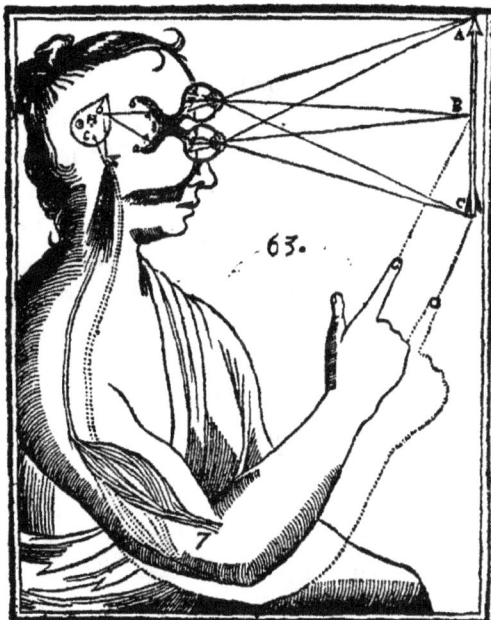

René Descartes, "Diagrama"

Referencias en la obra de Lacan

La ciencia y la verdad. In: *Escritos*. Rio de Janeiro: Jorge Zahar Editor, 1998.

TEMA III - EL CLIVAJE DEL MURO

Autores citados

Jacques-Alain Miller, sobre el clivaje del muro: {discurso, palabra y lenguaje | ciencia, números, función y topología}, una vez más el lector podrá reportarse a su curso y a la distinción que él desarrolla entre el *ser* y la *existencia* y su relación con la entrada del Uno.

René Thom, matemático francés, fundador de la teoría de las catástrofes. Recibió, en 1958, la medalla Fields, considerada el premio Nobel de las matemáticas. Lacan lo cita en relación al uso que este hace de las superficies matemáticas — a ejemplo del pliegue.

Chaïm Perelman es considerado el fundador de la "Nueva Retórica". Nacido en Varsovia, emigró para Bélgica en 1925. Hasta 1978, enseñó lógica, moral y metafísica en la Université Libre de Bruxelles. Sus investigaciones se inscriben, mayoritariamente, en el ámbito del derecho, de la retórica y de la argumentación. Al renovar con la retórica aristotélica, Perelman presenta su texto más celebre, en la obra *Tratado de la Argumentación* (1958), escrito en conjunto con Lucie Olbrechts-Tyteca. Este retorno a la retórica argumentativa coincide con la vuelta del interés por las figuras de lenguaje — o tropo — que suscitó el nacimiento de una "nueva retórica", al nivel del desarrollo de la poética y de la semiótica como, por ejemplo, en Roland Barthes.

Esta referencia a Perelman está presente en la enseñanza de Lacan desde su texto "Función y campo de la palabra y del lenguaje en psicoanálisis". Según Jacques-Alain Miller, se puede entender la argumentación de Lacan durante sus Seminarios, no apenas como una argumentación lógica, pero, sobre todo, como una argumentación de orador (*rhéteur*), como defendida por Perelman.

Referencias

Deleuze, Gilles. *El pliegue: Leibniz y el barroco.* Campinas: Papirus, 2011.

Perelman, Chaïm; Olbrechts-Tyteca, Lucie. *Tratado de la argumentación – La nueva retórica.* São Paulo: Editora Martins Fontes, 1996.

Capítulo 6
Te demando que me rechaces lo que te ofrezco

Tema I - Demanda, Rechazo y Oferta

El título, "Te demando que me rechaces lo que ofrezco", establecido por Jacques-Alain Miller, nos orienta, a lo largo del presente capítulo, con respecto a la relación que Lacan establece entre demanda, rechazo y oferta. Sabemos, sin embargo, que tal tema es central en la enseñanza de Lacan, pero podríamos puntuar justamente su articulación, retomada por Lacan en este capítulo, con el nudo borromeo. Ora, Lacan inicia tal capítulo con su formulación: carta de (a)muro, *lettre d'amur*, articulándola con demanda, rechazo y oferta.

A - La verdadera carta de (a)muro

Lacan afirma que se trata precisamente de "te demando que me rechaces lo que ofrezco" y agrega: "porque no es eso". En este sentido, Lacan nos indica que se debería escribir: "Te demando que me rechaces lo que ofrezco porque no es eso". Dentro de eso, Lacan aísla cada nivel verbal y articula, a lo largo del capítulo, demanda, rechazo y oferta, puntuando el efecto de ese (des)anudamiento. Tal articulación nos remite al grafo del deseo desarrollado por Lacan en su *Seminario 5, Las formaciones del inconsciente (1957-1958)*, sin embargo, aquí estarían presentes algunas formulaciones ampliamente desarrolladas posteriormente, como el nudo borromeo, en su *Seminario 22, R.S.I.*

B – Lacan resalta el trabajo de Roman Jakobson y de "uno cierto Boetius Daccus" y sus *Suppositiones*

En este sentido, Lacan subraya la cuestión del significante y, partiendo del análisis lingüístico, articula demanda, rechazo y oferta especificando, de ese modo, el estatuto y las funciones de los verbos pedir, rechazar y ofrecer. Así, al aislar el "no es eso", Lacan se refiere, paralelamente, a los trabajos de los filósofos Ludwig Wittgenstein y Alexandre Kojève y sus respectivas aserciones: "Lo que no puede ser dicho, no hablamos". Ora, Lacan resalta justamente la importancia del "no es eso", reservándole un lugar esencial en el propio enunciado como aquello que no podemos decir. En este contexto, Lacan formula: "*¿porque no es eso*, qué? Que yo deseo", y evoca, por consiguiente, el discurso del analisante y aquello a lo cual el analista (no) responde. Podríamos articular tal puntuación a lo que Lacan desarrollará posteriormente en el final de su enseñanza, en su último Seminario 25, "El momento de concluir" (inédito), en su lección del

15 de noviembre de 1977, a saber: "Lo que define la demanda es que nosotros solamente demandamos a través de aquello que deseamos — quiero decir, pasando por aquello que deseamos — y aquello que deseamos, no lo sabemos". Aquí, no deja de ser interesante la referencia de Lacan al deseo del analista y al Sujeto Supuesto Saber y el retorno, en esa misma lección, al nudo borromeo.

Autores citados

Boethius enseña a sus alumnos - Manuscrito Consolación de la Filosofía, Italia, circa *1385*

Roman Jakobson (1896-1982), pensador ruso, pionero del análisis estructural del lenguaje, poesía y arte. Cf. Jakobson, Roman. *Lingüística. Poética. Cinema.* Traducción Haroldo de Campos *et alii.* São Paulo: Editora Perspectiva, 1970.

Boethius Dacus (480-524), filósofo romano de

inicio del siglo VI y autor del célebre Libro *Consolation de la philosophie*, una obra neoplatónica. Es considerado como siendo una referencia fundamental de la filosofía medieval y de la transmisión de la lógica aristotélica.

Ludwig Wittgenstein (1889-1951), filósofo austríaco, considerado uno de los principales autores de la filosofía analítica del siglo XX. El único Libro de filosofía que publicó en vida, el *Tractatus Logico-Philosophicus*, de 1922, ejerció profunda influencia en el desarrollo del *positivismo lógico*.

Alexandre Kojève (1902-1968), filósofo francés de origen ruso, maestro y amigo de Lacan, habiendo ejercido gran influencia sobre la filosofía en Francia en el siglo XX, específicamente con respecto a sus estudios sobre Hegel.

Jules Henri Poincaré (1854-1912), matemático, físico y filósofo. Desarrolló el concepto de funciones automórficas a fin de utilizarlas para resolver ecuaciones diferenciales lineares de segunda orden con coeficientes algébricos. En 1895, publicó *Analysis situs: un tratado sistemático sobre topología.*

Georges-Théodule Guilbaud (1912-2008), matemático francés y amigo de Lacan, conocido por transmitir métodos matemáticos en los campos de la economía y de las ciencias sociales. Según nos indica Jacques-Alain Miller, G-Th. Guilbaut había popularizado en Francia la teoría de los juegos en el período de posguerra.

Referencias en la obra de Lacan

Sobre la carta de amor

Lecciones del 3 y 9 de febrero de 1972. In: *Seminario 19 ...o peor*. Buenos Aires: Paidós, 2012.

Lección del 13 de marzo de 1973. In: *Seminario 20, Aun*. Buenos Aires: Paidós, 1991.

Lecciones del 15 de enero de 1974 y 12 de febrero de 1974. In: Seminario 21, Les non-dupes errent (inédito).

Sobre Roman Jakobson

Lección del 9 de febrero de 1972. In: *Seminario 19 ...o peor*. Buenos Aires: Paidós, 2012.

Lecciones del 6 y 13 de noviembre de 1957. In: *Seminario 5,* Las formaciones del inconsciente. Buenos Aires: Paidós, 1999.

Lección de 19 de diciembre de 1972. In: *Seminario 20, Aun*. Buenos Aires: Paidós, 1991.

Lección del 2 de mayo de 1956. In: *Seminario 3, Las psicosis*. Buenos Aires: Paidós, 1984.

Lección del 1° de febrero de 1967. In : Le séminaire, Livre XIV, La logique du fantasme (inédito).

Lecciones del 2 de diciembre de 1964 y 28 de abril de 1965. In: Le séminaire, Livre XII, Problèmes cruciaux pour la psychanalyse (inédito).

Lección del 23 de mayo de 1962. In: Le séminaire, Livre IX, L'identification (inédito).

CAPÍTULO 7
LA PARTENAIRE DESVANECIDA

TEMA I - LA LÓGICA DE LA SEXUACIÓN: SU GRAMÁTICA

Cuestión propuesta por Lacan: ¿Cómo algo llega al ser hablante por la sexualidad? La pregunta es: "¿el ser hablante es hablante por causa de alguna cosa que sucede con la sexualidad, o, esa cosa que sucede con la sexualidad es porque él es hablante?"

En este capítulo, Lacan ejercita con maestría 'su estilo' al presentar el famoso tema introducido por él en la lectura de Freud de la "no existencia de la relación sexual".

La fórmula lacaniana, en uno de sus momentos teóricos más creativos, expone toda la complejidad de la cuestión para el Discurso Analítico al invocar nociones y conceptos de la topología y lógica matemática para definir la "lógica de la situación" y "la naturaleza del goce femenino como No-todo"; y también, al ejercitar una radical desconstrucción del mito del "segundo sexo" con el descubrimiento de la singularidad del existir en la discordia entre el "huno" y la "una", definir la respuesta, tornada posible por el lenguaje, a la pregunta sobre la relación del universal *hombre* con el universal *mujer.*

A - 1ª proposición

1. No hay relación sexual

"La base de lo que les vengo exponiendo hace algún tiempo, más exactamente desde el año pasado, es muy precisamente, que no existe segundo sexo". La tesis lacaniana, a partir de la entrada del lenguaje, es que no existe ese otro sexo, y la llamada heterosexualidad se vacía como ser para la relación sexual. E es en ese vacío, que de alguna manera es ofrecido a la palabra, que se instala el Otro, ese vacío será el lugar del Otro, allí donde se inscriben los efectos de la palabra.

2. El goce femenino como No-todo

La pregunta que se impone es cómo el universal *hombre* se relaciona con el universal *mujer,* por el hecho de que existe el lenguaje; y cómo en el vacío dejado por la no relación se inscribe el Otro, Lacan le agrega un suplemento, la letra H para marcar ese Otro como vacío. En ese sentido, agrega un H también al Uno, por lo que se debe comprender la dimensión del *Hum* (*Hun*).

B - 2ª proposición

1. El Uno y la Una: discórdia

Si no existe relación sexual, y es lo "que la experiencia del discurso analítico señala para la dimensión de la función fálica", lo *Huno* no es reductible al termino masculino. (p. 97).

2. O peor

Lo Universal solo hace surgir para la mujer la función fálica de la cual ella participa al querer arrebatarla del hombre, o al querer imponerle el servicio de ella, en todo caso, ...o peor, pero eso no universaliza la mujer. La raíz de *no-toda* está en el hecho de ella encerrar el goce diferente del goce fálico, el goce dicho propiamente femenino que no depende del goce fálico. Ella es no-toda porque su goce es doble, como lo reveló Tiresias, el profeta ciego de Tebas, famoso por haber pasado siete años transformado en mujer.

Cierta vez, al ir orar, Tiresias encontró una pareja de cobras copulando y ambas se volvieron contra él. Él mató la hembra, e inmediatamente se tornó mujer. Años después, yendo orar al mismo monte, encontró otra pareja de cobras venenosas copulando. Mató al macho y se tornó nuevamente un hombre. Por Tiresias haberse tornado tan consciente a respecto de ambos sexos, fue llamado para decidir sobre la cuestión levantada por ocasión de una discusión entre Zeus y Hera sobre "si es el hombre o la mujer quien tiene más placer en la relación sexual". Pero él sabía que su decisión le traería la ira del dios derrotado — Hera decía que es el hombre el que tiene más placer, Zeus decía que es la mujer.

Tiresias decidió la cuestión: "Se dividimos el placer en diez partes, la mujer queda con nueve y el hombre con una." Hera, furiosa por su derrota, cegó Tiresias por venganza. Pero Zeus, compadecido, y en recompensa por Tiresias haberle dado la victoria, le dio el don de la previsión. Una versión alternativa del mito de Tiresias cuenta que él quedó ciego al haber visto Atenas bañándose desnuda en una fuente. Tiresias se hace presente en *Edipo Rey*, de Sófocles, en el cual describe cómo es terrible poseer el saber, cuando este de nada sirve a quien lo posee. Hay, allí, una sabia y sutil revelación a Edipo, que, con el transcurrir de la historia, sabrá el verdadero significado en las entrelineas de esas sabias palabras.

Autores citados

Roman O. Jakobson (1896-1982), pensador ruso, se tornó uno de los mayores lingüistas del siglo XX. Pionero en el análisis del lenguaje, su influencia es significativa en la teoría lacaniana, encontrada en axiomas que marcaran la primera enseñanza de Lacan, como "El inconsciente está estructurado como un lenguaje", retomado en diversas épocas de su enseñanza. Tal influencia fue señalada por Jacques-Alain Miller en su famosa formulación de la teoría del significante.

René Thom (1923-2002), matemático e topologista francés. Trató especialmente de la teoría de la singularidad, y se tornó famoso en la comunidad académica y con el público en general como fundador de la Teoría de la Catástrofe, que sería más tarde desarrollada por Erik C. Zeeman.

Simone de Beauvoir (1908-1986), escritora y filósofa existencialista, escribió novelas, monografías sobre filosofía, política, sociedad, ensayos, biografías y una autobiografía. En *El segundo sexo* [*Le Deuxième Sexe*], escrito y publicado en 1949, una de las obras más celebradas e importantes para el movimiento feminista, la autora analiza la situación de la mujer en la sociedad. El libro fue publicado en Brasil en dos volúmenes: *He-*

chos y mitos hace una reflexión sobre mitos y hechos que condicionan la situación de la mujer en la sociedad; y *La experiencia vivida* analiza la condición femenina en las esferas sexual, psicológica, social y política.

TEMA II - EL CERO Y EL UNO: FUNDAMENTACIÓN LÓGICA DE LA FUNCIÓN FÁLICA

Al abordar esa temática, Lacan dio continuidad a su ejercicio lógico, al avanzar: (1) en la reflexión sobre la función fálica y su estructura; (2) en la forma topológica del lenguaje; y (3) en la elaboración sobre el vacío presente en la teoría del cero, tanto en la lógica de Frege como en la estructura de la lengua china.

A - Proposiciones

1. El lenguaje, la función fálica y su réplica (p. 97)

Lacan agrega una H al Otro — el *Hotro* — y, en consecuencia, un H al Uno — tenemos así el *Huno* — de modo que no hay medios de la relación sexual venir a escribirse en términos de esencia masculina y esencia femenina (pp. 97-98).

2. El vacío del lenguaje: el Yin e el Yang en el pensamiento chino (p. 94; p. 98)

La escritura de esa relación que no se escribe solo puede ser escrita a partir de una escritura muy específica, por la cual Lacan introduce la lógica y la topología matemática (p. 98).

B - Las proposiciones aristotélicas

En la lógica de las Proposiciones, tenemos, en primer lugar, las cuatro relaciones básicas que Lacan usa en la formulación de las relaciones entre lo masculino y lo femenino: negación, conjunción, disyunción y implicación.

Autores citados

El Asno de Apuleyo – Mosaico Bizantino del Siglo V

Aristóteles. *Lógica*. In: *Obras*. Madrid: Aguilar Ediciones, 1966 a 1969.
Lucius Apuleius. *El asno de oro*.
Platón. Parménides. *Diálogos*. In: *Obras Comple-*

tas. Madrid: Aguilar Ediciones, 1966 a 1969.

Referencias en la obra de Lacan

Seminario 8, La transferencia. Buenos Aires: Paidós, 2003.

En eso Seminario, Lacan hace referencia al *agalma* socrático con lo que él tiene de más sublime, capaz de atraer el amor de Alcibíades; de esa forma, el sujeto Sócrates vino en el lugar del semblante, eso en razón de ese *Hotro*. Lo que sucede entre ambos no es la relación entre uno y otro, sino más bien el amor mismo, que entra en juego. No se trata de la relación sexual porque ella no existe.

Capítulo 8
Lo que viene a ser el Otro

Tema I - Hablar del Uno: *Haiuno*

Para hablar del Uno es necesario hablar de un significante para barrar el Otro. La proposición que se presenta, en este capítulo, es la de pensar, en lugar de optar por la proposición de "Parménides", si Uno no es considerar que el No-Uno no es. Luego, el dos no existe: Hay-Uno.[3]

Parménides (Escuela de Atenas, fresco, fragmento) - Rafael, 1509

---

3 Nota de traducción: para el aforismo lacaniano *Yad'lun* adoptamos *Haiuno*, según el *Seminario 19 ...o peor*, editado por Paidós, Bs. As.

Autores citados

René Descartes (1596-1650), que en su *Discurso del Método* se encuentra su famoso *cogito* — pienso, luego existo —, de lo cual hace uso Lacan para hablar de la existencia del Uno como tal.

Aristóteles. *Lógica*. In: *Obras*. Madrid: Aguilar Ediciones, 1964-1967, p. 217.

TEMA II - LA COSA FREUDIANA

Lacan ve, en la "Fenomenología del espíritu", la ausencia de la plusvalía tal como extraída en el goce, en lo real del discurso del amo, ausencia que señala que el Otro no tiene correlato.

Autores Citados

Hegel, filósofo alemán, uno de los creadores del idealismo alemán, fue precursor de la Filosofía continental e del marxismo.

Henri Michaux, escritor, poeta y pintor belga.

Platón, filósofo griego.

Referencias

Hegel, G. W. F. *Fenomenología del espíritu*. Coleção Pensamento Humano. Petrópolis: Vozes, 1992.

Michaux, Henri. *Entre centre et absence*. Paris: Ed. Matarasso, 1936.

Platón. *Parménides o de las Ideas*. In: *Obras completas*. Madrid: Aguilar Ediciones, 1966-1969, pp. 945-990.

Referencias en la obra de Lacan

Introduction aux Noms-du-Père. In: *Des noms-du-père*. Paris: Éditions du Seuil, 2005.

Capítulo I: La Excomunión. In: *Seminario 11, Los cuatro conceptos fundamentales del psicoanálisis*. Buenos Aires: Paidós, 1998.

TERCERA PARTE
EL UNO: QUE NO ACCEDA AL DOS

CAPÍTULO 9
EN EL CAMPO DE LO *UNIANO*

En esta tercera parte del Seminario 19, "El Uno: que no acceda al dos", nos encontramos en el campo de lo uniano, lo que podríamos oponer al campo del Otro. ¿Por qué él no accedería al dos, al Otro? No acceder al Otro se debe a la no conjunción entre dos seres de sexos opuestos. Aunque la exigencia subjetiva del acto sexual sea la unidad sexual, la unión ocurre a través de la función del objeto *a*, en la cual se encuentra la irreductibilidad de la unidad y que ocurre en el campo del Otro. Jacques-Alain Miller se pregunta "¿Por qué lo llamamos de campo del Otro? Podríamos llamarlo de campo del Uno. Lo llamamos de campo del Otro, porque es allí que se experimenta y se verifica lo irreductible del objeto *a* al Uno. Donde todo el esfuerzo para desalojar lo que es de la confrontación del objeto *a* al Uno culmina con el afecto de tedio [*ennui*] — Lacan, en *Televisión*, recompone las letras [e.n.n.u.i] cuando habla de lo uniano [*unien*] (...) Llamamos este campo del Otro por lo que ese campo escapa, precisamente, a la unidad. Él no tiene toda su ley en el Uno".

Veamos, a continuación, la emergencia del Uno.

Autor citado

Jacques-Alain Miller. 1, 2, 3, 4. Curso del 29 de mayo de 1985, inédito.

TEMA I - EMERGENCIA DEL UNO Y SUS DECLINACIONES

En este capítulo, Lacan declina diversas formas del Uno: El Uno del cuerpo; el Uno de Parménides; el Uno elemento de un conjunto (Cantor); el Uno del número (Frege); el Uno unario extraído de la segunda forma de la identificación freudiana (y que fue trabajada por Lacan en el Seminario 9).

La enunciación "Haiuno" viene como respuesta a la dificultad relativa al cuestionamiento del estatuto de la serie de los números naturales y que fue trabajada, por ejemplo, por Frege.

A - El uno del cuerpo: evidencia imaginaria

Inicialmente, podemos pensar el cuerpo, su estatuto de unidad, como lo que da el modelo imaginario del cuerpo, es decir, la vertiente imaginaria de la identificación como Uno del cuerpo, lo que sostendría al sujeto en lo que Freud promueve a partir de "Introducción al narcisismo" y de la teoría de la identificación, sobre todo imaginaria, como también con sus consideraciones de la "Psicología de las Masas". Lacan inventaría su Estadio del Espejo a partir, sobre todo, de esas referencias freudianas, añadiendo la experiencia del espejo de Henri Wallon sobre el poder sintetizador de la imagen — a partir de la teorización que Kojève hace de Hegel y la dialéctica del amo y del esclavo. La tesis de que el Uno vendría del significante se opone a la idea de que el Uno vendría del cuerpo — cf., en este sentido, J.A. Miller en "Biología lacaniana y acontecimiento del cuerpo". El Uno surgiría en el mundo por el significante (Uno como sustancia significante). Al mismo tiempo, podemos pensar — de manera aproximada, a partir de la noción de sustancia significante con la noción de sustancia gozante — que es del registro de lo que toca al cuerpo en lo que el se goza, cuerpo entonces en su estatuto de existencia y no más del cuerpo imaginario del Estadio del Espejo.

Autores citados

Alexandre Kojève (1902-1968), filósofo francés de origen rusa que renovó el estudio de Hegel en Francia, gracias a sus cursos dictados de 1933 a 1939 en la École Pratique des Hautes Études (EPHE).

Henri Wallon (1879-1962), filósofo, psicólogo, neuropediatra y pedagogo francés. Especialmente conocido como psicólogo, Lacan hace referencia a él en su texto sobre el Estadio del Espejo.

Referencias

Kojève, Alexandre. Introduction à la lecture de Hegel. In: *Leçons sur la Phénoménologie de l'esprit profes-*

sées de 1933 à 1939 à l'École des Hautes Études, réunies et publiées par Raymond Queneau. Paris: Gallimard, 1947.

Miller, Jacques-Alain. Biología lacaniana e acontecimientos del cuerpo. In: *Opção lacaniana*, nº 42, febrero de 2005.

Wallon, Henri. Les origines du caractère chez l'enfant. In: *Les préludes du sentiment de personnalité.* Coll. Quadrige Le psychologue. Paris: PUF, 1983.

Referencias en la obra de Lacan

Le Stade du miroir comme formateur de la fonction du Je: telle qu'elle nous est révélée dans l'expérience psychanalytique. In: *Revue française de psychanalyse.* Paris: PUF, octobre 1949, pp. 449-455.

B - Parménides y el Uno

"Parménides", o "Sobre las Formas", diálogo de Platón escrito en los últimos años de su vida, es considerado una de las principales obras de la filosofía occidental. En este texto, vemos el movimiento que desembocó en la revolución platónica, el rechazo de todo el sistema filosófico que Platón había construido hasta entonces. Él trabaja, entre otros temas, la cuestión de la ontología platónica, la cuestión del Ser y la cuestión del Uno.

Martin Heidegger también se lanza en una "meditación seguida sobre la historia del Ser". A respecto de esto, podemos comprobar su texto titulado "Moira" (1951-52) presente en su escrito *Essais et conférences* — al cual hay, por lo mínimo, dos referencias capitales en la

enseñanza de Lacan, junto con el texto sobre *Das Ding*
[La Cosa]. Además, ese texto de Heidegger es una de las
múltiples referencias implícitas en el escrito de Lacan
sobre el pase. Veamos.

Heidegger parte de la fórmula de Parménides —
"la misma cosa son pensamiento y ser" — que orientó,
según su interpretación, toda la historia de la filosofía.
La versión moderna de la mismidad del ser y del pensamiento se encuentra en la fórmula cartesiana del "Pienso, luego existo" pero, como nos advierte Jacques-Alain
Miller, en "Parménides" no hay referencia al yo [Je]. La
esfera del yo [Je] será la nueva circunscripción instaurada por Descartes como el lugar donde se conjugan
pensamiento y ser. La fórmula lacaniana del pase, según
Miller, es una reformulación de la tesis de "Parménides"
sobre el ser y el pensamiento aplicada al psicoanálisis y
al pase de una manera binaria: sea entre la lógica de la
alienación y de la separación, como también a respecto
de las posiciones del "no pienso" y del "no soy" — en
una articulación entre "el sujeto *y* el Otro, el significante
y el objeto, como articular el síntoma *y* el fantasma".

Ese matema sería sintetizado por Lacan, en la
tensión de su cogito lacaniano del "yo no pienso" (Yo
soy), que estaría del lado del Eso; y el "yo no soy" (yo
pienso), del lado del inconsciente: tensión entre el lado
del Eso, del "no pienso", como siendo del orden del "Tú
eres eso" (Estadio del Espejo) — en el pase, como emergencia del sujeto en su estatuto de objeto *a*. Por el otro
lado, tenemos el "no soy", del registro del inconsciente,
como lo que no cesa de no escribirse que es "no hay relación sexual" y su efecto de castración.

Diciendo de otra manera, en el texto de Platón
Lacan llama la atención para la delimitación de lo que

hace agujero en el decir, en el hecho de que toda sustancia pueda ser decible, pero que, justamente, desde que se intenta decir, "lo que se delinea a partir [de lo real] de la estructura constituye una dificultad".

Referencias

Heidegger, Martin. *Essais et conférences*. Trad. André Préau. Paris: Gallimard, 1958.

Miller, Jacques-Alain. Du symptôme au fantasme, et retour. Curso del 16 de marzo de 1983 (inédito).

C - El trazo unario

Es en el Seminario 9, "La identificación" (1962-63), que Lacan aborda la cuestión del trazo unario como equivalente del *einziger Zug* freudiano, o sea, la segunda forma de la identificación.

La función del trazo unario surge en la enseñanza de Lacan en la medida en que él distingue la identificación imaginaria de la identificación simbólica. En este sentido, el seminario sobre "La identificación" anticipa la teoría analítica del ideal simbólico a partir de la marca que el sujeto recibe del lenguaje, de la escrita del trazo primordial del ideal del yo, por lo tanto, acción del significante representada en la tachadura del sujeto: identificación al trazo unario. En lo que atañe a la escritura, Lacan hace alusión, en momentos distintos, a James Février e su libro sobre la historia de la escritura. Recientemente, en enero de 2011, Clarisse Herrenschmidt fue invitada para hablar de su libro sobre la escritura y participar de un debate con Éric Laurent.

Sobre la cuestión de la identificación delante de la hipótesis de que el Otro no existe, citamos todavía Éric Laurent e Jacques-Alain Miller durante el Seminario que ambos conjuntamente realizaron, "L'Autre qui n'existe pas et ses Comités d'éthique", curso de 27 de noviembre de 1996, publicado en Buenos Aires por Paidós.

Autora citada

Clarisse Herrenschmidt, pesquisidora del Centre National de la recherche scientifique desde 1979, historiadora de la antigüedad, filóloga y lingüista de carrera, además de arqueóloga. Es también asociada del Laboratoire d'Antropologie Sociale del renombrado Collège de France. Es especialista en lenguas, escrituras, historia y religión del Irán antes del Islán.

Referencias

Février, James. *Histoire de l'écriture*. Paris: Payot, 1984, p. 616.

Herrenschmidt, Clarisse. *Les trois écritures: langue, nombre, code*. Paris: Gallimard, 2007, p. 505.

Referencias en la obra de Lacan

Clase del 6 de diciembre de 1961. In: Seminario 9, "La identificación" (1961-62) (inédito).

D - El Uno de la serie y la serie de los números enteros

Al equivaler el Uno a la serie de los números enteros, Lacan se refiere a la elaboración teórica de G. Frege y su intento de definir el concepto de número cardinal, en una intersección entre la lógica, las matemáticas y la filosofía. El objetivo de Frege era demonstrar que la aritmética se sostiene en la lógica y sería nada más que una extensión de esta última — conforme la insuficiencia de la deducción lógica del 1 y de la necesidad de pasar por el 0.

Aleph cero denota el cardinal del conjunto de los enteros naturales y, por equipolencia, es el cardinal de cualquier conjunto infinito contable. Aleph cero es, entonces, el cardinal del conjunto de todos los números naturales, el primer cardinal infinito, es decir, es el primero en la serie indexada por los ordinales de los Aleph, una serie de ordinales definida por Georg Cantor para representar todos los cardinales infinitos.

Autor citado

Georg Ferdinand Ludwig Philipp Cantor (1845-1918), matemático alemán conocido por ser el creador de la teoría de los conjuntos, estableció la importancia de la biyección entre los conjuntos, definiendo los conjuntos infinitos y los conjuntos bien ordenados. Él demostró, igualmente, que los números reales son más numerosos que los números enteros naturales. De hecho, el Teorema de Cantor implica la existencia de una "infinidad de infinitos". Él define los números cardinales, los números ordinales y su respectiva aritmética. El trabajo de Cantor ha sido de un gran interés filosófico y generó diversas interpretaciones y debates.

E - Los distintos sentidos del uno y la función de la existencia

Lacan afirma que el Uno posibilita los distintos sentidos, como elemento vacío, la cuestión del equívoco de su surgimiento y la bifidez del Uno en el "Parménides" de Platón: el Uno se distingue del Ser; y el Ser es Uno siempre. De ese carácter doble del concepto del Uno surge la función de la existencia.

La existencia del Uno se enuncia enseguida a partir de su inexistencia correlativa; es decir, la existencia surge sobre un fondo de inexistencia, y *ex-sistere* se sostiene apenas de un afuera que no es — y es precisamente esto que demarca el campo del Uniano: Lo que solo existe no siendo: {I (el Uno sólo) seguido del Ø (el I borrado que tiene por significación sea de conjunto vacío, sea de significación del cero, 0) y que, enseguida, se obtiene la recurrencia de un +1, la serie de los números naturales: 123...}. En esa lógica, uno supone siempre "el mismo Uno, el Uno que no se deduce, contrariamente a la cortina de humo que puede levantarnos John Stuart Mill, simplemente por tomar cosas distintas y considerarlas idénticas" (Lacan, p. 131).

Autor citado

John Stuart Mill (1806-1873), filósofo, lógico y

economista británico, conocido como uno de los pensadores liberales más influyentes del siglo XIX; partidario del utilitarismo — teoría ética desarrollada por su padrino Jeremy Bentham — para el cual Miller propuso su propia interpretación. Precursor del feminismo, Mill desarrolló un sistema de lógica en que se opera la transición entre el empirismo del siglo XVIII y la lógica contemporánea.

Referencias

Frege, Gottlob. *Les fondements de l'arithmétique: recherche logico-mathématique sur le concept de nombre.* Collection L'ordre philosophique. Paris: Seuil, 1969, p. 233.

Mill, John Stuart. *Système de logique déductive et inductive* (1843). Traduction française réalisée par Louis Peisse à partir de la 6e édition britannique de 1865. Paris: Librairie philosophique de Ladrange, 1866.

(Este libro representa la expresión de una nueva filosofía, una corriente de pensamiento indispensable que junta David Hume a Bertrand Russell. Este sistema de lógica propone, entre otras cosas, una nueva teoría de los sofismas, de los nombres propios, de la referencia, y, sobre todo, de la inducción.)

Miller, Jacques-Alain. Clase del 16 de marzo de 2011 del curso "L'Un-tout-seul", donde demuestra, magistralmente, la construcción en la enseñanza de Lacan sobre el desnivel del ser y de la existencia.

Capítulo 10
Haiuno

Tema I - Existencia, Uno y Ciencia

En este capítulo Lacan habla sobre el concepto de existencia a partir del enunciado "Haiuno". Un cambio de paradigma se opera cuando Lacan trabaja con Cantor y Frege a partir del concepto de Uno, que es tan diferente del Uno de Galileo —el Uno del número, Uno de una existencia natural, derivado del Uno individual del cuerpo, mientras que el Uno de la lógica, el Uno que interesa a Lacan, es el Uno del real. Y ese Uno de lo real, "Haiuno" es del orden de la escritura — en oposición a la palabra:

{Escritura (Existencia) ◊ Palabra (Ser)}

Autor citado

Galileo Galilei (1564-1642), considerado como el padre de la ciencia moderna, matemático, geómetra, físico y astrónomo italiano. A través de observaciones rápidas y precoces, él perturbó los fundamentos de la disciplina astronómica. Hombre de las ciencias, él fue un defensor del enfoque copernicano del Universo y del movimiento terrestre, proponiendo adoptar el heliocentrismo, entre otras cosas. En el dominio de las matemáticas, Galileo apostó que el lenguaje de la naturaleza se daría a través de la escritura matemática, queriendo decir, con eso, que la naturaleza transformase en un real que contiene un saber.

Ese postulado científico es traducido por Lacan en dos enunciados: a) "Hay saber en el real" (Lacan, Jacques. Nota italiana. In: *Outros escritos*, Rio de Janeiro: JZE, 2003, p. 312); y b) el científico "aloja saber en el real" — diciendo de otra forma, el saber científico es un saber en el real, o sea, vemos allí la idea de un real de la ciencia que es absolutamente sobrepuesto al simbólico, mientras que el real, para el psicoanálisis, es del orden de la fórmula "no hay relación sexual", es decir, el real del psicoanálisis es un real que no para de no escribirse y se encuentra en oposición al real de la ciencia, cuya certeza se puede escribir.

Referencias

Bassols, Miquel. En psicoanálisis no hay saber en el real. Texto de orientación para el IX Congreso de la AMP. Consultado en: http://www.congresamp2014.com/pt/template.php?file=Textos/Dans-la-psychanalyse-il-ny-a-pas_Miquel-Bassols.html

Miller, Jacques-Alain. Lire un symptôme. In: *Mental/ Revue internationale de psychanalyse*, n° 26. Bruselas: EFP, 06/2011, pp. 49-58.

_____. L'Un-tout-seul. Curso del 23 de marzo de 2011 (inédito).

En esta clase, Miller diferencia los campos de la existencia y del "para-ser" o "apariencia". La existencia estaría correlacionada a la medida del escrito, mientras que el "para-ser" estaría en la conjunción con la palabra.

_____. Presentación del tema de IX Congreso de la AMP. Conferencia presentada, en español, el día 26 de abril de 2012, en Buenos Aires, en el VIII Congreso de la AMP. Texto consultado en: http://www.congresamp2014.com/pt/template.php?file=Textos/Presentation-du-theme_Jacques-Alain-Miller.html

Tema II - Realidad Natural, Realidade del Fantasma: Apoyo Lógico al Unicornio

La Dame à la licorne [La señora del unicornio] – Serie de seis tapices de Flandres en seda, circa 1490 Museo de Cluny, Paris

Cuando Lacan evoca la perspectiva científica y la existencia, la argumentación lógica que se puede dar al unicornio tiene como referencia el trabajo de Serge Leclaire sobre del "poordjeli". Todavía sobre el "poordjeli" y la interpretación significativa, Lacan (*Seminario 9, Los cuatro conceptos fundamentales del psicoanálisis*, capítulo 19, "De la interpretación a la transferencia") afirma que el trabajo de Leclaire ilustra el pasaje de la interpretación significativa en dirección al no-sentido significante. O sea, la interpretación es una significación que hace surgir un significante irreductible.

Sin embargo, es en el seminario siguiente, "Posiciones subjetivas del ser" (pero que, por prudencia, Lacan terminó nombrándolo "Problemas cruciales para el psicoanálisis" y cuyo primer capítulo sería "Posiciones subjetivas de la existencia") que vemos un debate alrededor de la cuestión del nombre propio (a partir de una conferencia de Serge Leclaire) y Jacques-Alain Miller, con su texto sobre la sutura significante.

Autor citado

Serge Leclaire (1924-1994), psicoanalista francés, uno de los primeros discípulos de Lacan, además de su analisante. En los años 1970, Leclaire intentó dar cuenta del final de análisis, a partir de una revelación que vendría a través de una fórmula de carácter fonético y fuera de sentido, o sea, una demostración de cómo la cadena significante determina el sueño y de cómo la estructura del lenguaje sería inherente al inconsciente. El caso célebre que ejemplifica esto, y que fue presentado, es el caso del hombre del unicornio, con su fórmula de *"poordjeli"*. Posteriormente, Leclaire se distanció de Lacan, estableciendo su propia teoría analítica.

Referencias

Laplanche, J.; Leclaire, S. L'inconscient: une étude psychanalytique. In: *L'inconscient, VIème Colloque de Bonneval (1960)*. Paris: Desclée de Brouwer, 1966; o Bibliothèque des introuvables, 2007.

Leclaire, Serge. Le rêve à la Licorne. In: *Psychanalyser*. Paris: Le Seuil, 1968.

Miller, Jacques-Alain. La suture. In: *Cahiers pour l'analyse*. Vol. 1. Paris: ENS, 01/1966, pp. 37-49 (Retomado a partir de una intervención en el Seminario de Jacques Lacan del dia 24 de febrero de 1965).

TEMA III - EXTRAVAGANCIAS DEL NÚMERO

Lacan equivale el "Haiuno" con la teoría de los conjuntos — *Mengenlehre* —, en la forma como es fundada por Cantor, y las consecuencias de las "extravagancias del número" en la historia de las matemáticas: desde Platón, el número irracional es algo que escapa al campo del Uno, al método de exhaución de Arquímedes y al uso del infinito para definir lo transfinito, así como la serie trigonométrica de Fourier , o el triángulo de Pascal — del cual Lacan se sirve para figurar lo que, en la teoría de los conjuntos, se denomina como las partes de los conjuntos y la relación del Uno con el *nada,* la falta donde se hace un agujero.

En 1870, Cantor desarrolló y probó el Teorema

de la Unicidad para las series trigonométricas.

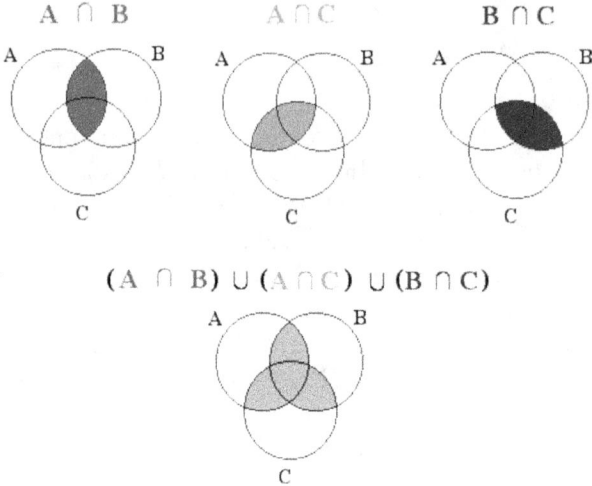

Teoría de los Conjuntos, de G. Cantor

Autores citados

Arquímedes de Siracusa (287 a.C. - 212 a.C.), gran científico, físico, matemático (considerado el más importante de la Antigüedad) e ingeniero griego de la Antigüedad Clásica. Con respecto a las matemáticas, él utilizó el *método de exhaución* para calcular el área sobre el arco de una parábola a través de la suma de una serie infinita, y dio una encuadratura bastante precisa del número Pi (π). No obstante su difícil realización, el método de exhaución permaneció el único método de demostración, considerado como verdaderamente rigoroso durante siglos. A pesar del surgimiento del método de los indivisibles de Cavalieri, al inicio del siglo XVIII, el método de exhaución no se volvió obsoleto, aunque se ha superado años después, por el suceso del cálculo infinitesimal, cuya autoría es atribuida a Leibniz y a Newton.

Domenico Fetti, "Arquímedes pensativo", 1620

Blaise Pascal (1623-1662), matemático, físico, inventor, filósofo, moralista y teólogo francés. Matemático de renombre, él desarrolló, por ejemplo, un método de resolución del "problema de los partidos" que resultó, durante el siglo XVIII, en el cálculo de las probabilidades, influenciando las teorías económicas modernas y las ciencias sociales. En matemática, el Triángulo de Pascal es una matriz triangular que consiste de coeficientes binominales. Es designada de esta manera en homenaje a Pascal, aunque haya sido estudiada por otros matemáticos en siglos anteriores, sobre todo por Yang Hue, en China y Al-Karaji en Persia.

Jean Baptiste Joseph Fourier (1768-1830), matemático y físico francés, conocido por sus trabajos sobre la descomposición de las funciones periódicas en series trigonométricas convergentes llamadas "Series de Fourier" y su aplicación al problema de la propagación del calor. Generalmente se atribuye a él la descubierta del efecto invernadero.

Referencias

Arquímedes. *Œuvres d'Archimède traduites littéralement avec un commentaire par F. Peyrard*. Paris: Chez François Buisson, 1807, p. 601.

Fourier, Joseph. *Œuvres publiées par les soins de M. Gaston Darboux*, vol. 1. Paris: Gauthier-Villard et fils, 1888.

_____. *Œuvres publiées par les soins de M. Gaston Darboux*, vol. 2. Paris: Gauthier-Villard et fils, 1890.

El lector leerá provechosamente los artículos de Nathalie Charraud sobre Cantor, Lacan y las matemáticas:

Charraud, Nathalie. Cantor avec Lacan (I). In: *La Cause freudienne*, n° 39. Paris: L'Ecole de la Cause freudienne 05/1998, pp. 117-125.

_____. Cantor et Lacan, II. In: *La Cause freudienne/* Nouvelle revue de psychanalyse, n° 40. Paris: L'Ecole de la Cause freudienne, 09/1998, p. 139.

_____. Georg Cantor: superlatif et infini. In: *Actes de l'Ecole de la Cause freudienne*, n°13. Paris: L'Ecole de la Cause freudienne, 11/1987, p. 112.

_____. *Infini et Inconscient: essai sur Georg Cantor*. Paris: Anthropos, 1994, p. 288.

_____. *Lacan et les mathématiques*. Paris: Anthropos, 1997, p. 110.

Capítulo 11
Cuestión de Unos

Tema I - El Discurso del Analista

Lacan renueva sus avances sobre la estructura de los discursos, destacando la posición del significante y la *dosis* de goce envueltos en los efectos del discurso. Así, en este capítulo, el discurso del analista es articulado justamente a la existencia del *Uno* [*Yad'lun*]. La operación del discurso del analista se asienta, como Lacan evocará en este capítulo, bajo la convergencia de un significante y la reproducción de este *a partir de lo que fue su florecimiento.* En este contexto, después de exponer la estructura de la teoría de los conjuntos (Cantor), Lacan la articula al discurso del analista, apuntando el Uno como principio de la repetición, marcado por el *Uno de la falta, de un conjunto vacío.* Tal repetición está presente justamente en el fundamento *de la incidencia del hablar del analisante.*

Recordemos que, como fue desarrollado por Lacan en el seminario siguiente, el Seminario 20 ("Aun", lección del 12 de diciembre de 1971), el discurso del

22222222

analista se sostiene a partir del enunciado de lo que no hay, de que no hay relación sexual, de la no existencia de la relación sexual. (Jacques-Alain Miller, "L'Un-tout-seul", clases 6, 7 e 8).

Referencias

Miller, Jacques-Alain. L'un-tout-seul. Cours d'Orientation lacanienne. Clases 6, 7 e 8. Departamento de Psicoanálisis de la Universidad de Paris 8, 2011.

Referencias en la obra de Lacan

Seminario 20, Aun. Buenos Aires: Paidós, 1991.

TEMA II - SI NO HAY RELACIÓN ENTRE LOS DOS, CADA UNO SIGUE SIENDO UNO

A - El sexo real/ dual

Al referirse a George Berkeley y sus argumentos idealistas empíricos, Lacan evoca la representación, o sea, el mundo tal cual el sujeto lo representa, como punto central del *esquema berkeliano* (Seminario 16, "De un Otro al otro", clase del 30 de abril de 1969). Por tanto, la fórmula berkeliana "ser es ser percibido" puede ser aquí articulada con la representación del sexo real/ dual, por el hecho de ésta no haber sido, justamente, enunciada por Berkeley en su sistema de concebir el mundo.

En este contexto, Lacan se refiere a los avances de la biología celular y de la microbiología del siglo XVIII en lo que se refiere a los estudios de los gametas, justamente en aquello que es del orden de la diferencia de las células sexuales y erróneamente articulada con la supuesta existencia de la relación sexual, es decir, que haya dos, aislando, por consiguiente, el Uno de la falta. Paralelamente, se refiere a Freud y a sus indicaciones sobre la fuerza fundadora de la vida, el principio de unión (Freud) cuestionando, en este sentido la supuesta relación sexual.

Autor citado

George Berkeley (1685-1753), irlandés, miembro del clero anglicano y filósofo empirista. Elaboró su teoría imaterialista a partir del principio de que las cosas son conocidas apenas como ideas, representaciones. Con su fórmula "ser es ser percibido", Berkeley concibe el mundo como objeto de percepción, siendo este mundo concebido como obra de Dios. En *Principes de la connaissance humaine* (1710), el autor desarrolla lo que es llamado de filosofía idealista empírica.

Referencias

Freud, Sigmund. *Malaise dans la civilisation* (1927). Paris: PUF, 2004.

_____. *L'avenir d'une illusion* (1929). Paris: Payot, 2010.

Referencias en la obra de Lacan

Seminario 16, De un Otro al otro. Buenos Aires: Paidós, 2008.

B - El Uno como reiteración de la falta

Aquí, sirviéndose de la teoría de los conjuntos y de uno de sus aspectos, el conjunto vacío, { }, Lacan desarrolla el Haiuno [*Yad'lun*]. En la teoría de los conjuntos, dos conjuntos son iguales si ellos contienen los mismos elementos. Consecuentemente, hay apenas un conjunto que no contiene ningún elemento, el conjunto vacío. Luego, un conjunto vacío equivale a la *diferencia radical*. De esta forma, como expuesto anteriormente, la función del Uno aparece aquí articulada con la falta de diferencia. "El Uno surge como efecto de la falta" (*Seminario 19 ...o peor*, p. 156). Tendríamos, así, la mismidad de esa diferencia, o todavía la reiteración de la falta. En este contexto, se podría resaltar el título del capítulo establecido por Jacques-Alain Miller, "La historia de Unos", articulado con "El Uno, como Uno que se repite, es el Uno de la diferencia".

Autor citado

Georg Ferdinand Ludwig Philipp Cantor (en esta investigación, el lector puede referirse a las lecturas propuestas en el Capítulo 9, referente a Cantor).

Referencias

Miller, Jacques-Alain. L'un-tout-seul. Cours d'Orientation lacanienne. Clases 6, 7 e 8. Departamento de Psicoanálisis de la Universidad de Paris 8, 2011.

Capítulo 12
El saber sobre la verdad

Tema I - El Saber sobre el Goce

Lacan destaca la diferencia entre el trazo unario y el Haiuno [*Yad'lun*]. Mientras el primero estaría, como fue desarrollado por Freud ("Psicología de las Masas"), del lado de la identificación imaginaria, el segundo sería del orden de otro registro. Al criticar la noción de masa, noción heredada de Gustave Le Bon, Lacan señala que la repetición justamente no funda ningún *todos,* lo universal y no se identifica con nada. En ese contexto, al articular el Yo a la economía del psiquismo (1915), Freud yerra al constituir tal postulado como *la guardia del núcleo de la verdad.* Aquí, podríamos articular tales críticas con lo que fue desarrollado a partir de esa noción freudiana como siendo la "Psicología del Yo" en boga en los años 1950, principalmente en los Estados Unidos (Heinz Hartmann). Al referirse al libro de aquél que se dirige a las masas (Eclesiastes), del sabio, Lacan señala el lugar de ese saber acerca del goce como lugar privilegiado de todas las religiones. En este contexto, Lacan hace referencia a la mutilación de Hermes, o sea, a su pluralización, de la figura divina al personaje mítico griego (*Seminario 8, La transferencia*, Capítulo XI), evocando, de esta manera, el saber acerca del goce, como *al margen de la civilización* — aquello que Freud llamó de *su malestar.*

Autores citados

Heinz Hartmann (1894-1970), psiquiatra y psicoanalista nacido en Viena, considerado el fundador de la corriente teórica *Ich-Psychologie* [Psicologia do Ego]. Insistió sobre la función del Yo y su adaptación a la realidad. Sabemos, también, que Ernst Kris y Rudolph Loewenstein contribuyeron, significativamente, a la edificación del *Ich-Psychologie*. Tales autores fueron revisitados por Lacan a lo largo de su enseñanza.

Gustave Le Bon (1841-1931), médico y científico social, autor de numerosas obras sobre desorden comportamental y psicología de las masas, se apoyó en la teoría del biólogo darwinista alemán, Ernst Haeckel (1834-1919).

Referencias

Eclesiastes (aquel que se dirige a las masas). Libro de la Biblia hebraica presente en todos los cánones. El libro se compone de reflexiones generales sobre el sentido de la vida, o la ausencia de este, evocando algunos consejos. Aquí, la sabiduría equivale a la tristeza, y el saber, al dolor. Delante de la constatación de la presencia de la amenaza constante de la muerte y de la injusticia en el reino de los hombres, el libro insiste en destacar la importancia de la vida como el único campo de actividades y de realizaciones importantes para el hombre según los preceptos de los Mandamientos.

Freud, Sigmund. *Psychologie des foules et analyse du moi* (1921). Paris: Petite Bibliothèque Payot, 2012.

_____. *Métapsychologie* (1915). Paris: Ed. Gallimard, 1968.

Referencias en la obra de Lacan

Seminario 8, La transferencia. Buenos Aires: Paidós, 2003.

TEMA II - LA TRANSFERENCIA

Tema largamente desarrollado por Lacan a lo largo de su enseñanza y principalmente en su Seminario 8, podemos decir que Lacan, al retomar tal tema en este capítulo, aísla el saber sobre el goce insistiendo en el hecho de que la posición de semblante, ocupada por el analista, sería la única situación sostenible en relación al goce. De esta manera, Lacan declina la cuestión del semblante, del saber no iniciático, de la realidad fantasmática y del amor (Fenomenologia del amor).

Autores citados

Sobre el amor, el lector podrá consultar los libros ya indicados por Jacques-Alain Miller:

André Breton, surrealista. *Amour Fou* (1937) es un cuento escrito entre 1934 y 1936 y publicado en 1937. El libro relata experiencias vividas y descripciones de sueños con rupturas narrativas. Discurre alrededor del encuentro de su futura esposa, Jacqueline Lamba.

Honoré d'Urfé. *L'Astrée* (entre 1607 y 1627), romance pastoral, es constituido de 6 partes, de 40 historias, 60 libros y de 5.399 páginas. A pesar de ser considerado un libro denso y complejo, se podría decir que el hilo conductor descansa sobre la historia de amor *perfecto* entre la heroína Astrée y el personaje Céladon.

Tema III - La Verdad

La verdad, tal como elaborada en este capítulo por Lacan es la articulación significante. A respecto de la verdad, Lacan revisa, una vez más, los avances de los matemáticos Frege y Cantor (cf. Cap. 9 de esta investigación) y aísla la verdad de la falta, la verdad como jamás completa y la existencia de una supuesta inaccesibilidad. Si partimos de lo que Lacan articuló entre el Uno y el significante (Cf. Miller, "L'Un-tout-seul"), podríamos suponer que existiría una aproximación entre el Uno, el saber sobre la verdad y la no existencia de la relación sexual.

Referencias

Miller, Jacques-Alain. L'un-tout-seul. Cours d'Orientation lacanienne. Clases 6, 7 e 8. Departamento de Psicoanálisis de la Universidad de Paris 8, 2011.

Capítulo 13

En el fundamento de la diferencia entre los sexos

En este capítulo, Lacan trabaja la diferencia lógica entre los sexos con base en la diferencia lógica entre diferencia y atributo. Trabajando su fórmula "no hay relación sexual", postula la existencia lógica de la sexualidad. En su ejercicio de pensamiento, Lacan busca establecer, a partir de la lógica matemática, de la existencia de los conjuntos y de las clases, del atributo y de la diferencia, lo que constituye el "Saber del analista". Y este saber Lacan lo establece recurriendo a la paradoja lógica de la inexistencia de la relación sexual y de ese vacío lleno por el lenguaje.

Tema I - Ellos Dos No Se Funden en Uno ni el Uno Está Fundado por Ellos Dos

Para Lacan, el dos/ de ellos [*d'eux*] no está fundido en Uno, ni el Uno es fundado por dos/ de ellos [*d'eux*]; él dice que es eso que dice Aristófanes en su fábula en el *Banquete* (p. 173).

A - El mito de Aristófanes

En el *Banquete* de Platón, encontramos una serie de discursos sobre la naturaleza y las cualidades del amor. Aristófanes comienza su discurso advirtiendo que su forma de discursar será diferente. A seguir, hace una denuncia de la insensibilidad de los hombres con el poder milagroso de Eros, y la impiedad para un dios tan amigo. Para conocer ese poder, él dice que es necesario conocer, antes, la historia de la naturaleza humana; después de decir esto, pasa a narrar el mito de nuestra unidad primitiva y su posterior mutilación. Según Aristófanes, había, inicialmente, tres géneros de seres humanos, que eran dobles de sí mismos: había el género masculino-masculino, el femenino-femenino y el masculino-femenino, el cual era llamado de andrógino. En las palabras del poeta:

> Es entonces que hace tanto tiempo que el amor de uno por el otro está implantado en los hombres, restaurador de nuestra antigua naturaleza, en su intento de hacer uno sólo de dos y de curar la naturaleza humana. Cada uno de nosotros, por lo tanto, una tésera complementar de un hombre, porque cortado con los lenguados de uno sólo en dos; y busca cada uno su propio complemento

Así, aquellos que son derivados del corte de lo andrógino, sean hombres o mujeres, procuran su contrario. Esto explica el amor heterosexual. Y aquellas que fueron el corte de la mujer, lo mismo ocurriendo con aquellos que son el corte de lo masculino, procuraran se unir a su igual. Aquí, Aristófanes presenta una explicación para el amor homosexual femenino y masculino. Cuando esas mitades se encuentran, cuestan a separarse, y se sienten sueltos para "fundirse" nuevamente en uno sólo. Ese es nuestro deseo al encontrar nuestra *media naranja.*

B - El agalma platónico

Jean-Baptiste Regnault - Sócrates salva a Alcibíades de las tentaciones de la lujuria, 1791

Lacan procuró, en el *Banquete* de Platón, lo que le podría ayudar a esclarecer el fenómeno de la transferencia y las condiciones del amor. Una de esas condiciones está indicada por Alcibíades en el dialogo platónico que encuentra en la figura de Sócrates, a pesar de poco afortunado, algo que lo hace digno de tanto amor. Alcibíades usa la palabra "agalma", es decir, algo precioso, que brilla y atrae, que Sócrates esconde y por lo cual es merecedor de tan bellas palabras de amor. A este *agalma* Lacan lo llama "objeto *a*".

Jacques-Alain Miller (*El banquete de los analistas*, p. 177) recuerda que, para Lacan, no hay Otro del Otro y por ese motivo, tampoco hay "transferencia de la transferencia", lo que significa que la transferencia no es reducida a cero al final del análisis y la única manera de hacer algo será a partir del significante de la falta en el Otro, a partir del matema S ($\overline{A}$).

Referencias

Bassols, Miquel. Hacia un significante nuevo", de J.-A. Miller. In: *Revista Uno por Uno*, nº 32. Buenos Aires: Eólia, 1982.

Miller, Jacques-Alain. El deseo del analista (Cap. II). In: *El banquete de los analistas. Cursos psicoanalíticos*. Buenos Aires: Paidós, 2000, pp. 45 -62.

_____. El saber y La verdad (Cap. XX). In: *El banquete de los analistas. Cursos psicoanalíticos*. Buenos Aires: Paidós, 2000, pp. 349-364.

Referencias en la obra de Lacan

Seminario 8, La transferencia. Buenos Aires: Paidós, 2003.

TEMA II - EL UNO DE LA DIFERENCIA

Lacan afirma que existe el Uno de la diferencia y que él debe ser contado en más [*en plus*] como *"Haiuno"*.

A - Goce del uno

El goce del Uno no interesa a la relación sexual; el goce dicho sexual es fálico, no se relaciona con Otro, tal como formulado por Lacan en el *Seminario 20, Aun.*

> Cf. *Seminario 19, ...o peor*, p. 181: "(...) *Haiuno,* o bien *dos no,* lo que en nuestro caso se interpreta de inmediato: no hay relación sexual".

B - Un goce que no interesa al dos

"El goce no interesa a la relación sexual, no es del orden de la relación, no produce lazo con el Otro", y eso se deberá comprehender de manera radical, como lo señala Jacques-Alain Miller en su clase de 7 de febrero de 1996, "El autismo del goce".

No está al alcance de la mano uniana del Uno "hacer con ello algo en el sentido del sentido" y quien, en el discurso analítico, desempeña la función de pequeño *a* (referencia a la cosa freudiana, al *Das Ding)* viene a ocupar la función de semblante (*Seminario 19 ...o peor,* p. 181).

Referencias

Miller, Jacques-Alain. El autismo del goce (Cap. VII). *La fuga del sentido. Cursos psicoanalíticos.* Buenos Aires: Paidós, 2012, pp. 165-178.

Referencias en la obra de Lacan

Cap. IV "Das Ding" y Cap. V "Das Ding II". In: *Seminario 7, La ética del psicoanálisis.* Buenos Aires: Paidós, 1988.

Capítulo 14
Teoría de las cuatro fórmulas

Tema I - El Saber del Psicoanalista: Cómo e por qué *Haiuno*

En este capítulo la diferencia, el atributo, la función fálica, el lenguaje y el goce quedan explícitos en la teoría de los cuatro discursos, y van a constituir los fundamentos de ese "Saber del analista" que es del orden del matema, del real como imposible, de la verdad y del goce.

A - Teoría de los cuatro discursos

Lacan culmina una época teórica al llegar a lo que será presentado en su última enseñanza. Con los cuatro discursos — del Amo, de la Histérica, del Universitario y del Analista — y sus fórmulas de la sexuación, Lacan retoma la cuestión de la existencia de "al menos uno que diga no a la función fálica": "*Hay, por lo menos Un* que no está sometido a la castración — como se puede estudiar en sus fórmulas de la sexuación (*Seminario 20, Aun,* Cap. VII).

Lacan trabaja el "mito del padre de la horda" en Freud, en el texto "Tótem y Tabú", junto con la concepción cantoriana de la teoría de los conjuntos y de los números infinitos (Cantor).

En ese capítulo, Lacan va al límite de su reflexión sobre el "Saber del psicoanalista". Lacan indica la diferencia de los sexos: por un lado, existe al menos uno que dice no a la función fálica, el masculino; por otro, no hay lenguaje que diga no a esa función, lo femenino.

Lacan va de Aristóteles a Cantor, pasando por Bertrand Russell, siendo que, para que haya conjunto, tiene que haber excepción. Sobre *El saber del psicoanalista,* y no *de los psicoanalistas,* estaría más de acuerdo con el tema del Seminário 19 "...o peor":

"O sea, *Haiuno* [*Yad'lun*]".

B - La relación entre el saber y la verdad

"No se trata de la verdad sobre el saber, sino del saber sobre la verdad. El saber sobre la verdad se articula a partir de la punta de lo que propongo este año sobre el *Haiuno. Haiuno* e nada más". Para Lacan, todavía, es un Uno muy particular, el que separa el Uno de dos, y es un abismo. Repito: la verdad, sólo puede semidecirse" (p. 191).

En torno de ese Uno gira la cuestión de la existencia, y la "teoría de los conjuntos" es la interrogación ¿por qué "*Haiuno*"? (p. 196).

Autor citado

Georg F. L. P. Cantor[4] (1845-1918), nacido en Saint-Petersburg, pasó la mayor parte de su vida en Alemania. Sus primeros trabajos están direccionados para la cuestión de los números. Su interés era de establecer fundamentos sólidos para el *continuum* de los números reales, mostrando, entre otras cosas, que hay conjuntos no numerables. Al distinguir números algébricos y transcendentales (no algébricos) Cantor encuentra la manera de comparar los tamaños de "conjuntos finitos", mostrando que el conjunto de todos los números es mayor que el conjunto de los números algébricos. Mirar totalidades y no objetos individuales (números, puntos o funciones) es una de las innovaciones de Cantor. Así, él descubre que las totalidades poseen propiedades que no son compartidas por los objetos de esas mismas totalidades.

TEMA II - EL REAL DE LA MATEMÁTICA Y LA TEORÍA DE LOS CONJUNTOS

A - El valor de los elementos matemáticos

Se debe tener en cuenta el valor de los elementos matemáticos para hacer que surja algo que concierne a nuestra experiencia como analistas, eso es indicado en relación a Dedekind (*Seminario 19, ...o peor*, p. 191).

En relación al saber sobre la verdad, Lacan no en-

---

4 Este perfil complementa el anterior, verifíquese en el Capítulo 9.

cuentra nada mejor que el *matema*.

B - La verdad como función

Para Lacan, hay dos momentos en relación al *Haiuno*: el momento del Parménides y el momento de Peirce. Este último usa el 0 y el 1 y luego va a designar los valores V (verdadero) y F (falso). De forma que "la verdad es una simple función y, más allá de su función, ella entraña un real que nada tiene que ver con la verdad y que es la matemática" (p. 195).

Autores citados

J. W. Richard Dedekind (1831-1916), matemático alemán. En su obra *Was sind und was sollen die Zahlen?* [*¿Qué son los números e qué deben ser?*], publicada en 1888, se encuentra la primera demostración exacta de los números naturales por axiomas. En esa obra, trata de responder al viejo problema de "fundamentar la matemática". Grande algebrista, el autor ordena y delinea el marco general de su concepción de la matemática pura. La aritmética, el álgebra y el análisis matemático encuentran para él un fundamento común en la "Teoría de los conjuntos" y sus aplicaciones.

Charles Sanders Peirce (1839-1914), científico, matemático, historiador, filósofo y lógico norte-americano. Concebía la Lógica dentro del campo de lo que él llamó de "Teoría general de los signos" o "Semiótica". Hizo contribuciones importantes en el campo de la Geodesia, Biología, Psicología, Matemática y Filosofía, llamado por muchos de "El Leonardo de las ciencias modernas". Una de las marcas del pensamiento peirciano es la ampliación de la noción de signo y, consecuentemente, de la noción de lenguaje. Fue el enunciador de la tesis anti cartesiana de que todo pensamiento se da en signos y en la continuidad de los signos, del diagrama de las ciencias, de las categorías, y en particular, del "pragmatismo".

Capítulo 15
El deseo de dormir

En la cuarta y última parte del Seminario 19, titulada por Jacques-Alain Miller "Coda", en referencia al movimiento final de una partitura musical, vemos como Lacan se dirige rumo a la conclusión, con las dos últimas clases del Seminario de 1971-72, ambas girando alrededor de la temática del "deseo de dormir" y del hecho que "los cuerpos [son] presos por el discurso".

Tema I - El Uno y El *Uniano*

Podemos destacar que uno de los temas de este capítulo se da con el movimiento realizado por Lacan del mito del *Padre que unia* termo que es homofóbico con el sentido de *unega* — en dirección al campo que él elucubra como siendo del orden del Uno, que denomina de campo *Uniano*, o sea, la función de al menos uno que dice no, la función de la excepción, función de *unegar*. Existe uno que dice no, y ese "no" es en absoluto lo mismo que negar, pero, a partir del verbo *unegar* se puede decir que, en relación a la castración, el Padre *uniega*.

A - El padre que *uniega* o la universalidad de la función paterna

En el mito freudiano de "Tótem y Tabú" (1912), el padre unía todas las mujeres; él las une, pero *no-todas*. Considerar la función paterna en los moldes del padre de la horda primitiva es pensar la función paterna a nivel del complejo de Edipo, o sea, considerar la función del padre en su universalidad, y que toca el registro del *ser*. Es el padre que dice "no", y sostiene la función de la castración como la condición de ley general, en la medida que él se extrae como excepción. Esta inauguración del universal del padre fue uno de los marcos de la primera enseñanza de Lacan, en el cual el extrae de los textos de Freud la universalidad de la función paterna, condensada en la metáfora paterna. El padre, a través de su "no", desprende al sujeto de su alienación al Otro materno y del goce implicado en esta relación.

B - La función *e-pater* o la singularidad de un padre

En otra perspectiva que se encuentra en su última enseñanza, Lacan trata del padre no más en su universalidad, sino en su singularidad. Y lo que singulariza un padre se encuentra a nivel de su deseo en relación a una mujer tomada entre otras. La singularidad de un padre es una *padre-versión* [*père-version*], o sea, es la relación de un padre con lo que su función posee de recusa a toda norma universal. En este sentido, nos dice Miller, es que cabría la diferenciación del padre en el registro del *ser* (nivel de lo universal) y el padre en el registro de la *exis-*

tencia (nivel de la singularidad). El padre se vuelve, así, lo que se mantiene fuera del universal considerado una función singularmente encarnada por Uno: *almenosuno* [*aumoisun*].

En el capítulo anterior, Lacan dice que un padre identificado con el puro legislador es un padre schre-beriano, o sea, que producirá hijos psicóticos: "Se inte-rrogó mucho la función del *pater familias*. Habría que centrar mejor lo que podemos exigir de la función del padre. Con esa historia de la carencia paterna, ¡cómo se regodean! Hay una crisis, es un hecho, no es totalmente falso. En síntesis, el *e-pater* ya no nos impacta. Esa es la única función verdaderamente decisiva del padre. Ya señalé que no era el Edipo, que estaba liquidado, que si el padre era un legislador, el niño resultante era el presi-dente Schreber, nada más" (p. 204).

Lacan crea el neologismo producido a partir del verbo *épater*,[5] *e-Pater*, el padre que asombra cuya fun-ción sería impactar. El padre asombrador, impactante, ya no asombra, hay una crisis de esa función en las so-ciedades democráticas que colocaron progresivamente en causa el patriarcado. En ese *e-Pater,* la función del padre debería dar la norma más allá del mito, porque no se trata de Edipo, sino de la función de un padre que sorprende, espanta, escandaliza la familia.

Recordemos que Lacan indica que la utilidad de *unegar* es la de explicar, por otra vía, lo que él renunció en abordar sobre los auspicios de los *Nombres-del-Padre* — llevando, entonces, a considerar la contingencia de su excomunión por parte de miembros de la IPA en 1963. Así, de este seminario inexistente, sólo nos restó el trazo

---

5 N.T. Asombrar, sorprender.

de su única clase de 20 de noviembre de 1963.

En este movimiento de pluralización de los Nombres-del-padre, se ve como Lacan, a través de diversos recursos, va cada vez más contra la idea de la unicidad del Otro — y que corrobora con la tesis de la inexistencia del Otro, o sea, no más existe la articulación significante, sino el significante único de S (Ⱥ): no hay respondiente, ni mismo hay relación sexual. De todos modos, la idea gira alrededor de la falta de un significante de esta relación, de este *rapport*, y que condensaremos en la función lógica del *no hay Otro del Otro*.

Con su estudio sobre el mito freudiano de Tótem y Tabú, Lacan demuestra como el mito freudiano del padre muerto encarna la función lógica del significante del Otro tachado S (Ⱥ). A partir de esto, Lacan encuentra, en la función del Nombre-del-padre, el correlato de un vacío en el orden simbólico. De esa clase única de este Seminario, J.-A. Miller nos indica que Lacan, a partir del sacrificio de Abrahán, realizaría la articulación entre el Nombre-del-padre pluralizado con el objeto *a*. Parafraseando lo que Lacan dice del padre en su texto "Subversión del sujeto", en 1960, diremos, a partir de este capítulo, que la verdadera función del padre es la de *unegar* un deseo a una Ley, a través de lo que él encarna en su función de sorpresa, de espanto y de despertar.

Recordemos, entonces, que fue debido a esa "excomunión", así llamada por Lacan, la causa por la cual él no pronunció su seminario sobre "Los Nombres-del-padre", y en vez de este, él desarrollará "Los cuatro conceptos fundamentales del psicoanálisis", que podría tener como título "El padre Freud" (Miller, *Le banquet des analystes* (1989-90), clase del 13 de diciembre de 1989). Lacan nunca tomó esa excomunión como algo del orden del acaso, justamente cuando él se preparaba para abordar el más allá de Freud, un más allá del Nombre-del-padre a través de la articulación de la pluralización de esta función "Nombres-del-padre" con el objeto *a*. Esta excomunión, dice J.-A. Miller, "(...) es de hecho su posicionamiento en extimidad. Es seguro decir que Lacan fue expulso de la comunidad analítica. Él fue, al mismo tiempo, colocado en el centro, en su centro éxtime. (...) Es alrededor de esto que gira lo que se llama la IPA: la extimidad de Lacan frente a la comunidad analítica".

A partir de esta excomunión, Lacan hace un regreso a los "conceptos fundamentales" no para elogiarlos, sino para los ultrapasar y deshacerlos. Más allá de esta dimensión del padre (y que la IPA se estructuró de tal forma que no se debe atravesarla — de allí la equivalencia realizada por Lacan entre la IPA y la tradición religiosa, ambas implicadas del lado del Nombre-del-Padre), y delante del cual Freud se detuvo (según Abram Kardiner, Freud afirmó que se encontraba en una posición *demasiado padre*), Lacan va progresivamente demarcar que la posición del analista no es de padre, mucho menos de Otro (donde la referencia bíblica de Lacan al *El Shaddaï*, "Dios-Todo-Poderoso" como marco para Freud en el sentido del Padre que se teme y se reverencia, y que permanece como punto intransponible), más bien que el analista está en el lugar de objeto *a*.

Autor citado

Abram Kardiner (1891-1981), psiquiatra, psicoanalista y antropólogo americano, conocido por ser uno de los pioneros y una de las figuras de destaque del desarrollo del psicoanálisis en los Estados Unidos a partir de la perspectiva antropológica y culturalista.

Referencias

Freud, Sigmund. Tótem y Tabú (1913). In: *Obras completas de Sigmund Freud*. Trad. Dr. J. P. Porto. Rio de Janeiro: Delta, s.d., v.14, pp. 49-239.

_____. Moisés y el monoteísmo (1939). In: Edição Standard Brasileira das Obras Psicológicas Completas de Sigmund Freud. Rio de Janeiro: Imago, 1996, v. 23. pp. 29-66.

Kardiner, Abram. *Mon analyse avec Freud* (1977). Paris: Les Belles Lettres, 2013.

Miller, Jacques-Alain. Extimité (1985-86). Clase de 29 de enero de 1986 (inédito).

_____. Le banquet des analystes (1989-90). Clase de 13 de diciembre de 1989 (inédito).

_____. Un effort de poésie (2002-2003), clases de 14 y 21 de mayo de 2003 (inédito, a propósito de psicoanálisis y religión).

_____. L'Un-tout-seul (2011). Curso del 4 de mayo de 2011 (inédito).

_____. L'Autre sans l'Autre. Presentación del próximo tema del Congreso de la New Lacanian School (NLS) que ocurrirá en Gante, Bélgica, en 2014. Presentación realizada al final del XI Congreso de la NLS "El sujeto psicótico en la era de los *Geeks*", Atenas, 19 de mayo de 2013.

Paris, Jean. L'agonie du signe. In: *L'atelier d'écriture*. Collection Change, numéro 11. Paris: Seghers Laffont, mai 1972, p. 133.

Referencias en la obra de Lacan

De los Nombres-del-Padre (1963). Buenos Aires: Paidós, 2005.

El triunfo de la religión (1974). Precedido del Discurso a los católicos (1960). Buenos Aires: Paidós, 2005.

La instancia de la letra en el inconsciente o la razón desde Freud (1957). In: *Escritos*. Rio de Janeiro: Jorge Zahar Editor, 1998, pp. 496-533.

Subversión del sujeto y dialéctica del deseo en el inconsciente freudiano (1963). In: *Escritos*. Rio de Janeiro: Jorge Zahar, 1998, pp. 807-842.

Sobre el Otro del Otro o sobre la metáfora paterna (Nombre-del-padre)

Le Séminaire, Livre VI, Le désir et son interprétation (1958-1959). Paris: Editions de la Martinière, Le Champ freudien Editeur, 2013.

Capítulos IX ("La metáfora paterna"), X ("Los tres tiempos del Edipo"), XI ("Los tres tiempos del Edipo (II)") e XII ("De la imagen al significante en el placer y en la realidad"). In: *Seminario 5, Las formaciones del inconsciente*. Buenos Aires: Paidós, 2005.

Sobre el drama del padre en la trilogía claudeliana

Seminario 8, La transferencia. Buenos Aires: Paidós, 2003.

(Sobre todo la parte titulada "El mito del Edipo Hoy. Un comentário de la trilogía de las Coûfontaine, de Paul Claudel". Capítulos XIX, XX, XXI e XXII.)

Tema II - Del Nombre-Del-Padre al Deseo: La Harmonia Lacaniana de Cuatro Notas

Desviándonos de la metáfora paterna, de su función, nos dirigimos con Lacan en dirección a la metonimia del deseo a partir de los sueños. Sobre el prisma que Lacan destaca en este capítulo, vemos que el sueño sirve para suspender la ambigüedad que hay en la relación del cuerpo consigo mismo, a saber — el gozar. El dormir consiste en suspender lo que está implicado en la tétrada lacaniana, en ese acorde de cuatros notas que compone la estructura del discurso: *el semblante, la verdad, el goce y el plus-de-gozar.*

A - El deseo de dormir y el goce

Si los sueños son sueños de deseo, y allí donde habría una relación sexual — que no existe — en ese axioma lacaniano, hay todo un orden que funciona. Y es en ese orden que, como consecuencia del efecto del lenguaje, podemos decir que surge el deseo. Si "la relación sexual no existe", en su lugar se encuentra un orden cuya consecuencia es el deseo como efecto de ese orden, que solamente puede ser de la estructura del lenguaje, puro efecto, sin sustancia, del significante. Y el deseo fundamental del sueño, para Freud, es el *deseo de dormir.* Ese deseo consiste en suspender la famosa tétrada lacaniana: semblante, verdad, goce y plus-de-gozar, interrumpiendo, así, la *perturbación del goce.*

B - Lo que palpamos de lo real es la *Spaltung*, la hendidura subjetiva

Al abordar la dificultad del discurso analítico, a partir de la posición de semblante del objeto *a* — de semblante de este objeto-desecho del cual el hombre toma su sustancia —, Lacan continua a hablar sobre el discurso científico como el único discurso donde la posición de semblante es sostenible, pues es la *Spaltung* ($\mathcal{S}$) — la *falla del ser* — que se encuentra en la posición de comando y es lo que más se aproxima del orden de lo real — en el sentido que Miller nos recuerda, es en el último texto, inacabado, de Freud, donde él demuestra que lo real es causa de la división subjetiva y el sujeto viene, entonces, como respuesta de lo real.

A partir de esta perspectiva de la *Spaltung*, podemos deducir dos vías en las cuales la experiencia analítica puede sostenerse: a) experiencia de lo real; y b) experiencia de *Spaltung*, del sujeto en su hendidura. O sea, por un lado tenemos, por ejemplo, el Lacan de 1965, de la "La ciencia y la verdad" y que afirma que el analista en su praxis "debe dar cuenta del estado de hendidura, de *Spaltung*" del sujeto. Ese nivel es el de la experiencia analítica considerada como experiencia de la *Spaltung* y del reconocimiento del inconsciente como tal. Del lado del analista, tendríamos el nivel de la interpretación simbólica, aprehendida como la práctica de descifrar el síntoma a partir del deseo inconsciente y de los efectos de la represión y del regreso de lo reprimido.

Del otro lado, tenemos el Lacan que considera la experiencia analítica como una experiencia de lo real. Entonces, la interpretación es la interpretación fuera de sentido, por el equívoco, que toca el real en el sentido que *perturba la defensa*, en el nivel del arreglo del goce, de la disposición libidinal de la pulsión, y que implica en una movilización del cuerpo del analista en su acto, por ejemplo una movilización del uso de la voz, del tono, del gesto, o así mismo de la mirada.

La experiencia analítica sería, entonces, una experiencia de lo real y la interpretación del analista, siendo que el objeto *a* — objeto-desecho — se encuentra en el registro de un *decir* que opera en cuanto el no tenga sentido y se asemeje a un real (Lacan, 1974).

Autores citados

Didier Anzieu (1923-1999), psicanalista e universitário francés. Realizó su primer análisis con Lacan, ignorando el hecho de que su madre, Marguerite Anzieu — más conocida como el caso "Aimée" de la tesis de psiquiatría de Lacan — hubiera también sido tratada por él. Algunos años después, Anzieu se distancia de Lacan y desarrolla una obra teórica (incluyendo el concepto de "*yo-piel*") que es profundamente marcada, según J.-A. Miller, por el interés y cuidado que tenía su madre por ese único objeto de su preocupación que es su hijo.

François Recanati (1952-), francés, filósofo del lenguaje, orientador de pesquisa del Centre National de la Recherche Scientifique (C.N.R.S.) y director de estudios en la Ecole de Hautes Études en Sciences Sociales (EHESS). Ex-presidente de la European Society for Analytic Philosophy.

Henri Poincaré (1854-1912), matemático, físico, filósofo y ingeniero francés. Realizó, entre otros,

trabajos en óptica y en cálculo infinitesimal. Sus trabajos más destacados fueron sus desarrollos a respecto del
problema de los tres cuerpos en lo relativo al estudio
cualitativo de los sistemas de ecuaciones diferenciales y
de la teoría del caos. Considerado uno de los últimos
grandes científicos, Poincaré fue uno de los precursores
de la teoría de la relatividad restricta y de la teoría de los
sistemas dinámicos.

Referencias

Anzieu, Didier. *La autoanálisis de Freud y la descubierta del psicoanálisis.* Trad. Francisco Franke Settineri. São Paulo: Artes Médicas, 1989.

_____. *Le Moi-peau.* Paris: Dunod, 1985.

Freud, Sigmund. *La interpretación de los sueños* I
(1900). In: Edição Standard Brasileira das Obras Psicológicas Completas de Sigmund Freud. Vol. IV. Rio de
Janeiro: Imago, 1972.

_____. *La interpretación de los sueños* II (1900).
In: Edição Standard Brasileira das Obras Psicológicas
Completas de Sigmund Freud. Vol. V. Rio de Janeiro:
Imago, 1972.

_____. La División del Ego en el proceso de
defensa (1938). In: Edição Standard das Obras Psicológicas Completas de Sigmund Freud. Vol. XXIII. Rio de
Janeiro: Imago, 1976.

Miller, Jacques-Alain. La clinique différentielle
des psychoses. Séminaire de D.E.A., Département de
Psychanalyse de Paris VIII, clase de 26 de marzo de
1987 (inédito).

_____. L'expérience du réel dans la cure analytique (1998-1999). Clase de 27 de enero de 1999 (iné-dito).

_____. L'Un-tout-seul (2011). Clase de 30 de marzo de 2011 (inédito).

Poincaré, Henri. *La ciencia e el hipótesis* (1908). Brasília: UnB, 1988.

Recanati, François. *Philosophie de la logique et philosophie du langage*. Paris: Odile Jacob, 1991.

_____. *Philosophie du langage (et de l'esprit)*. Paris: Gallimard (Folio Essais), 2008.

Referencias en la obra de Lacan

Le phénomène lacanien (1970). Conferencia pronunciada en el Centre universitaire méditerranéen de Nice. In: *Les Cahiers Cliniques de Nice*. Nice: Publication de la Section Clinique de Nice, 2011.

Capítulos XIII ("El sueño de la inyección de Irma") e XIV ("El sueño de la inyección de Irma" - fin). In: *Seminario 2, El Yo En La Teoria de Freud* (1954-55). Buenos Aires: Paidós, 1998.

Capítulo 16
Los cuerpos atrapados por el discurso

Tema I - El *Uno* Hace El *Ser* — Como La Histérica Hace El Hombre

Lacan no se despide de su enseñanza en esta última clase del seminario "...o peor", ni hará un resumen de su transmisión a lo largo de ese año, sino que señala que lo que nos interesa del discurso analítico es poder cercar ese imposible que llamamos real, y que como tal une los analistas en su práctica. Destaca, en ese imposible de decir, el axioma: "Que se diga, como hecho, queda olvidado tras lo dicho/ en lo que se escucha". Y quien comanda, según el enunciado *Haiuno,* es el Uno, ese Uno que crea el Ser, no ámbito de la ontología, conforme "Parménides", sin por eso hacer demasiada ontología. Con relación al goce, se encuentra, en *Radiofonía*, el concepto de plus-de-gozar en su máximo desarrollo; donde Lacan transcribe el concepto de plusvalía de Marx para el de plus-de-gozar, se puede leer: "El *Mehrwert* es el *Marxlust*, el plus-de-gozar de Marx". (p. 434).

Obra de arte citada

"El escamoteador", de Hieronymus Bosch

"El escamoteador", de Hieronymus Bosch, óleo sobre madera,
circa *1500*

Al referirse al cuadro del pintor holandés, Lacan hace alusión a aquello que justamente no ocupa al discurso analítico. Pintado entre 1475 y 1505, el cuadro muestra un escamoteador haciendo su número frente a los transeúntes. El primero tiene, en su mano derecha, una nuez-moscada la cual él hará aparecer y desaparecer por medio de vasitos de dedos. Ora, él encarna el mundo, con sus engaños, disimulos y artificios. Sus pases de mágica distraen a los transeúntes de aquello que es importante. Así, el burgués, hipnotizado por el juego, tiene su bolsa robada por un cómplice del mágico. Justamente, el ilusionista no dice lo que él hace y hace lo que él no dice, él juega con las apariencias, y triunfa al distraer la atención del público de lo esencial.

A - El suporte es el cuerpo

Lacan (p. 218) dice que quien manda es lo que el produjo en ese seminario con el título de *Haiuno (Yad'lun)* y el Uno hace el Ser. Para eso, él encamina nuevamente para el "Parménides", para encontrar, en el diálogo platónico, ese Uno que hace el Ser. Lacan insiste en este capítulo diciendo que el Uno no es el Ser, pero *hace* el Ser.

B - El goce, él existe

Lacan (p. 222) articula esa formulación con el discurso, ya que el discurso como tal es siempre discurso del semblante. De esa forma, se hay algo que se autorice a partir del goce, es justamente el hacer semblante (*faire semblant*); solo allí podemos atrapar el plus-de-gozar.

Referencias

Marx, Karl. *El capital* (1867). Colección Os economistas. São Paulo: Nova Cultural, 1988.

Platón. *Parménides o de las Ideas*. In: *Obras completas*. Madrid: Aguilar Ediciones, 1966-1969.

"(...) ¿si el Uno es, es posible que sea y no esté involucrado en el ser? Esto no es posible. Por lo tanto, el ser será ser del Uno, sin ser de este modo idéntico al Uno; pero no sería el ser del Uno, ni el Uno estaría involucrado en el ser y sería lo mismo que decir que uno es y que el Uno es el Uno. (...) con lo cual el que es tiene otra significación que el Uno. (...) son distintos en el Uno, y su ser y el que él es. Porque como el Uno no es más que uno, y es así que está involucrado en el ser."

Referencias en la obra de Lacan

Radiofonia (1970). In: *Outros Escritos*. Rio de Janeiro: Jorge Zahar, 2003, pp. 400-447.

Del sujeto en fin en cuestión (1966). In: *Escritos*. Rio de Janeiro: Jorge Zahar, 1998, p. 234. (Marx y Hegel sobre la cuestión de la verdad.)

De una cuestión preliminar a todo tratamiento posible de las psicosis (1957). In: *Escritos*. Rio de Janeiro: Jorge Zahar, 1998, pp. 537-590.

Acerca de la causalidad psíquica (1946). In: *Escritos*. Rio de Janeiro: Jorge Zahar, 1998, p. 193. (En este artículo, Lacan destaca los que no pueden ser substituidos: Sócrates, Platón, Marx y Freud.)

Clase del 11 de abril de 1956, sobre el caso del Presidente Schreber. In: *Seminario 3, Las psicosis*. Buenos Aires: Paidós, 1984.

TEMA II - EL DISCURSO COMO TAL ES SIEMPRE DISCURSO DEL SEMBLANTE

Lacan piensa los discursos con lo que él llamó de "la ronda de los cuatro discursos". En esta última clase del seminario, va del discurso del amo al discurso del analista, y al revés, para decir que lo que nace de un análisis, nace a nivel del sujeto del discurso, del *parletre*. Y el producto de una análisis será el resultado de lo que el analista, como objeto *a,* ocupando el lugar del semblante y al mismo tiempo de agente en el discurso analítico, vendrá a proponer al sujeto en el transcurrir de la análisis, como vía de acceso a sus modos de goce — propuesta que será acogida por el sujeto porque, como decía Aristóteles, el piensa con su alma.

A - De que se trata en el análisis

Diferente del discurso del amo, donde tú — como cuerpo — eres petrificado, en el discurso analítico el analista, como cuerpo, se encuentra en posición de semblante del objeto *a.* Al nos referir a la Conferencia de Lacan en Ginebra — pronunciada tres años más tarde, el 4 de octubre de 1975, encontramos justamente la siguiente formulación: "En análisis, entonces, la persona que hizo esta demanda de análisis, cuando comienza el trabajo, es ella que trabaja. Usted no la debe considerar como a alguien que usted tenga que petrificar. ¿Qué se hace allá? Esta pregunta es todo aquello del por qué me interrogo desde que comencé".

Referencias en la obra de Lacan

Conférence à Genève sur le symptôme (4 octobre 1975). In: *Le Bloc-notes de la Psychanalyse,* n° 5. Paris: Georg Éditeur, janeiro de 1985.

B - La interpretación con fin

Cuestionando el esquema ternario de Charles S. Pierce, Lacan lo substituye, colocando en el lugar del *representamen pierciano* el objeto *a*. Así, para *representamen*-objeto ("¿Dónde estoy en el decir?", en términos lacanianos) tiene que ser siempre reinterpretado. Se trata de una operación lógica, de la extracción de aquello que es dicho y no del decir. Lacan retomará las formulaciones de Pierce en los años posteriores, como en sus Seminarios 21, 22 y 23. En este último, al evocar la relación ternaria de Pierce, Lacan la substituirá por "Simbólico - Real - Imaginario".

Autor citado

Charles S. Pierce, referencia a los cuadrantes con sus trazos verticales y horizontales para hablar en Universal afirmativo y negativo Particular (Seminario 15, "El acto analítico", de 1967-1968).

Referencias

Aristóteles. La Lógica y las proposiciones modales. In: *Organon*. Traducción, prefacio y notas de Pinharanda Gomes. Lisboa: Guimarães Editores, 1985

Platón. El mito de la caverna. In: *La República*, Libro VII.

Referencias en la obra de Lacan

Seminario 23, El Sinthome (1975-1976). Buenos Aires: Paidós, 2006. (Sobre todo la clase del 16 de marzo de 1976 sobre la orientación del real y la forclusión del sentido.)

Esta obra foi composta em Adobe Garamond
11/13. Impressa com miolo em offset 75g e capa em
cartão 250g, por Createspace/ Amazon.